Else Müllers Phantasiereisen, Märchen und Meditationen schenken Freiraum für die Phantasie und Anregung zum Weiterträumen. In den Märchen verbergen sich eine große Kenntnis, das Wissen um die menschliche Seele, ihre Verstrickungen, Irrungen und Verwirrungen, um Liebe, Leid, Leben und Tod. Die Meditationen und Haiku bieten sinnliche Reize, laden ein zum Assoziieren, Phantasieren und Träumen. Sie helfen, die Hektik des Alltags, Stress und Sorgen für eine erholsame Weile auszuschalten. Aus dem Zauber der Phantasie geboren, aus dem Stoff des Lebens gesponnen, laden sie ein zu bunten und erholsamen Träumen.

Else Müller ist Diplom-Pädagogin. Als Therapeutin hat sie klinisch und in eigener Praxis gearbeitet. Sie war viele Jahre Kursleiterin für Autogenes Training, Atemtraining und Meditation. Sie hat viele neue Wege im Bereich Entspannung und Meditation entwickelt und ist durch die hohen Auflagen ihrer Publikationen einem breiten Publikum bekannt. Heute arbeitet sie als Gast-Dozentin einer Fach-Akademie in der Aus- und Fortbildung für (Entspannungs-)PädagogInnen, ErzieherInnen u. a. Seit 25 Jahren ist sie als Autorin tätig und hat bereits über eine Million Bücher und Tonträger veröffentlicht, darunter die Bestseller »Du spürst unter deinen Füßen das Gras« und »Wenn der Wind über Traumwiesen weht«.

Weitere Informationen, auch zu E-Book-Ausgaben, finden Sie bei www.fischerverlage.de

Else Müller

Der Wind bringt mir die Träume zurück

Phantasiereisen, Märchen
und Meditationen

FISCHER Taschenbuch

MIX
Papier aus verantwortungsvollen Quellen
FSC® C019821

4. Auflage: Dezember 2014

Originalausgabe
Erschienen bei FISCHER Taschenbuch
Frankfurt am Main, Juli 2008

Satz: Pinkuin Satz und Datentechnik, Berlin
Druck und Bindung: Druckerei C. H. Beck, Nördlingen
Printed in Germany
ISBN 978-3-596-17782-0

Inhalt

Meditationen mit den Farben des Regenbogens

Haiku-Meditationen

Einige Worte zuvor

Die Phantasiereisen, Märchen und Meditationen habe ich nicht allein als Autorin erdacht und aufgeschrieben, sie entspringen auch meiner Erfahrung als Mutter und Großmutter. Märchen haben in meiner eigenen Kindheit eine nachhaltige Rolle gespielt. Meine lebhafte Phantasie verdanke ich wohl auch den Märchen, diesen wundersam-phantastischen Geschichten, die meiner Kindheit in Krieg und Nachkriegszeit trotz allem ein wenig Glanz und Zauber verliehen haben.

Die Phantasiereisen, Märchen und Meditationen in diesem Buch möchten anregend-entspannend unterhalten. Es sind kleine Inseln der Ruhe, auf denen es viel zu entdecken gibt.

Meditationen mit den Farben des Regenbogens bieten sinnliche Reize, die zur Stärkung des Immunsystems beitragen. Die Haiku, eine vom japanischen ZEN-Buddhismus inspirierte Dichtkunst, die »kürzesten Kurzgeschichten« im Versmaß von drei Zeilen und 17 Silben, laden ein zum Assoziieren, Phantasieren und Träumen.

Alle verbindet eine sinnlich-emotionale, bilderreiche Sprache, die Medium für eigene, innere Bilder, für »Kopfbilder« ist.

Die Betrachtung dieser inneren Bilderwelt, die Fokussierung auf das innere Bildgeschehen, verbunden mit Gefühlen und Gemütsbewegungen, hilft, die Hektik des Alltags, Stress und Sorgen für eine erholsame Weile auszuschalten. Diese Distanz ermöglicht es, körpereigene »Batterien« wieder aufzufüllen. Eine kurze Erholungspause als Regenerationsphase. Die poetische Bildersprache dient der Entspannung und Ruhe, sie hat einen eher therapeutischen als lyrischen Auftrag.

Die Märchen und märchenhaft-phantastischen Geschichten skizzieren auch Situationen und Stationen im menschlichen Dasein, sie handeln von Grundthemen der Menschen, wie Liebe und Leid, Angst und Freude, Wünschen und Träumen, von

Leben und Tod. In manchen der Märchen geht es um Wandlung und Verwandlung.

Beschrieben wird die Welt in ihrer Vielfalt, aber auch die »andere Seite des Mondes«, diese Welt voll Zauber und Magie. Manche Märchen gleichen alten Fabeln mit ihrer Sinnbildhaftigkeit und Symbolik. In ihnen verwoben sind subjektive Lebenserfahrungen, sie beschreiben die oft hellen und auch dunkleren Seiten und Zeiten eines Lebens.

Die Phantasiereisen, Märchen und Meditationen bieten Freiraum für die Phantasie und Anregung zum Weiterspinnen und Weiterträumen. Die Phantasie, unerschöpfliche und unverzichtbare Lebenskraft, hilft bei der Bewältigung des Alltags, bei der Lebensgestaltung, und sie spielt eine Hauptrolle in allen Märchen und Geschichten.

Phantasie, Imagination oder die Vorstellungskraft bergen ungeahnte, oft unentdeckte heilsame Potenziale. Phantasie und Kreativität brauchen die Ruhe, um sich entfalten zu können. Diese Ruhe ist ein Angebot der Märchen und Meditationen.

Mäßige Spannungsbögen, am Ende immer aufgelöst, bieten die beste Voraussetzung zu wirksamen Gute-Nacht-Geschichten, nicht nur für Kinder. Eine positive Grundhaltung, trotz allen Widrigkeiten der Welt, eine Freude am Leben, die zur Lebenskraft werden kann, ist in allen Märchen und Meditationen zu spüren. Aus dem Zauber der Phantasie geboren, aus dem Stoff des Lebens gesponnen, laden sie ein zu bunten und erholsamen Träumen.

Phantasiereisen und Märchen

Die Bedeutung von Märchen

»Ohne Poesie lässt sich nicht auf der Welt wirken,
Poesie aber ist Märchen.«
J. W. Goethe an Kanzler Müller

Märchen gehören zum ältesten Kulturgut der Menschheit. Wir finden sie bei fast allen Völkern, als Nachfahren von Mythen, diesen Götter- und Heldensagen aus der Frühzeit, aus der Urgeschichte eines Volkes, die aus einer naiven Schau eines Volkes geborene, sich in Bildern vollziehende Weltdeutung ist.

Jedes Volk hat seine eigenen Mythen und Märchen. In ihnen verbirgt sich eine große Kenntnis, ein Wissen um die menschliche Seele, von ihren Verstrickungen, Verwirrungen und Irrungen, von den Sorgen der Liebe, von Licht und Schatten des Lebens. Menschliche Grundmuster ähneln sich, sie überdauern die Zeiten. Menschliche Grundprobleme, wie Liebe, Leid, Angst und Freude, Leben und Tod, sind als archetypische Bilder in den Märchen widergespiegelt. In den Märchen finden wir die ganze Breite des Welterlebens. Archetypische Bilder sind völkerübergreifende, zeitlose Spiegelungen menschlicher Existenz. Ihre Urgründe finden sich auch im Unbewussten des Menschen.

Bei orientalischen Märchen denken wir zumeist an die Märchen *Aus Tausend und einer Nacht*, die wunder-vollen Geschichten der Scheherezade. Ich konnte vor vielen Jahren in Marokko, in der zauberhaften Stadt Marrakesch, noch leibhaftige Märchenerzähler erleben. Auf dem Platz inmitten der Stadt standen Trauben von Menschen, fast alles Erwachsene. Sie hörten gebannt den Märchen und Geschichten des alten Mannes zu, der mit seiner Kleidung und dem langen, weißen Bart einer Gestalt aus einem meiner Kindermärchen glich. Ich verstand seine Sprache nicht, war aber gefesselt von Gestik und Ausstrahlung dieses Erzählers. Und auch seine Stimme zog mich in den Bann.

Der Märchenerzähler spielte und spielt noch heute im Orient eine große Rolle. Orientalische Märchenerzähler, es sind immer Männer, sind gute Menschenkenner. Besonders in früheren Zeiten waren sie für viele Analphabeten Informanten und Lebensberater, einem heutigen Psychotherapeuten nicht unähnlich. Sie waren auch Berichterstatter verschlüsselter politischer Informationen.

In orientalischen Märchen findet sich eine pragmatische und praktische Sicht auf die Dinge des Lebens. Ihre Sprache ist sehr poesievoll. Die Wort-Bilder, die Symbolik der Märchen sind den Zuhörenden oder Lesenden vertraut. Die Märchengestalten sind meist trickreich und listig, bieten vielerlei Identifikationsmöglichkeiten, auch Strategien zur eigenen Lebensbewältigung.

Die Faszination von Marrakesch gehört zu meinen unvergesslichen Reiseeindrücken.

Der Psychoanalytiker C.G. Jung beschreibt die Märchen als »Anatomie der Seele«. Märchen sind »Selbstdarstellungen seelischer Prozesse«.

C.G. Jung bezeichnet Phantasievorstellungen ebenso als primär und ursprünglich wie Triebe und Instinkte. Phantasie ereignet sich nach seiner Auffassung spontan und ist vor allem etwas Schöpferisches. Vieles finden wir im Märchen verschlüsselt in Form von Verdichtung, Verschiebung und Symbolisierung.

Sigmund Freud betrachtet Märchen als Triebrepräsentanten. Als Hilfe zur Triebregulierung im und mit Märchen zeigt sich die Bedeutung für die seelische Entwicklung eines Kindes.

Mythen und Märchen lassen wie Träume vielschichtige Deutungen zu. Die Phantasie ist ein wesentliches Element des Märchens. Jedoch braucht jeder »Empfänger« eines Märchens sie zu seiner eigenen, inneren Bilderschau und Bildgestaltung.

Tradiertes Lebenswissen im Märchen, seine Symbolhaftigkeit, wird von Kindern meist intuitiv verstanden. Kinder sind in ihrem

Symbolverständnis offen, sie erkennen Bilder der Außenwelt als die ihrer eigenen Innenwelt, als Bilder in sich selbst. Sie haben meist einen emotionalen Zugang zum Märchen, versuchen nicht, ein Märchen rational, intellektuell zu verstehen oder eine Logik zu überprüfen. Märchen haben keine Logik, märchenhaft-phantastische Geschehnisse werden nicht erklärt. Kinder nehmen dies als etwas Selbstverständliches – Irrationalität ist ihnen nicht fremd. Das zeigt sich besonders in der sogenannten magischen Phase, sie dauert etwa bis zum siebten Lebensjahr, in der sich Realität und Phantastisches oft vermischen. Das erschreckt manche Eltern, die meist schon lange aus der Welt der Märchen und Wunder herausgefallen sind. Kinder reagieren spontan, mit allen Sinnen und Gefühlen auf märchenhafte Geschichten. Unaufgefordert analysieren oder deuten sie kein Märchen. Die sind in ihrer Eindimensionalität nicht rational erklärbar, sie berühren emotional und unmittelbar.

Von Kindern können wir lernen, uns vorurteilslos einem Märchen zu nähern, seinen Zauber, seine Magie und Poesie auf uns wirken zu lassen. Die Phantasie ist eine große Magierin, sie sucht sich Freiräume, versucht enge Fesseln des Bewusstseins zu sprengen. Diese Freiräume sind eine Art »Naturreservat«.

Viele Wissenschaftsdisziplinen beschäftigen sich mit der Analyse von Märchen, sie deuten, definieren und kritisieren, denn Märchen lassen wie Träume vielschichtige und tiefsinnige Deutungen zu.

Dies gilt im Besonderen für die Volks- und Hausmärchen der Gebrüder Grimm. Sie haben die meist mündlich überlieferten Märchen als Erste systematisch gesammelt und aufgeschrieben. Die Grimms suchten auch Spuren alter Volksweisheit. Ruhmreiche Vergangenheit und urdeutsche Mythen sollten beitragen, deutsche Identität zu stärken.

Einfache Frauen, aber auch adlige Damen der Hofgesellschaft waren die »Zubringerinnen« für die Grimms. Die sammelten nicht nur deutsche Märchen, ihnen waren zum Beispiel französische Märchen bekannt, in denen es keine Hexen gab, sondern nur gute oder böse Feen. Hexen waren Frauen mit Wissen und Macht, und sie wurden im Laufe der Zeit zu meist Unheil stiftenden Hexen verwandelt. Ein weiterer Aspekt ihrer »Verwandlung« war eine Verteufelung alter weiblicher Gottheiten, Göttinnen. Der Märchenfigur Frau Holle liegt die Göttin Diana zugrunde, die als Holda oder Holle in alten Mythen beschrieben wird. Im russischen Märchen finden wir die Baba Jaga, eine uralte slawische Gottheit, verwandelt in eine meist hilfreiche Frau oder Fee, vielleicht auch Zauberin oder Hexe.

Als Sammler und Neurer von Märchen waren die Gebrüder Grimm Kinder ihrer Zeit, sie haben sie umgeschrieben, umgestaltet, verändert und verfeinert, die oft derbe Sprache geglättet, Eros und Sinnlichkeit entschärft. Die Zeit der Romantik, ihre Normen und Werte, Religion und Moral blieben auch in den Märchen nicht ohne Wirkung. Damit ging manches an Ursprünglichkeit verloren. Das mindert jedoch nicht den Wert ihrer großartigen Arbeit.

Volksmärchen spiegeln immer den jeweiligen Zeitgeist. Sie haben ihre ureigene Struktur, Symbolik und Moral. Die konzeptierten Märchen in diesem Buch sind von der poetischen Bildersprache der Volksmärchen inspiriert und möchten wie diese phantasievolle Unterhaltung bieten. Darüber hinaus gibt es einige wesentliche Unterschiede. Ein pädagogisch-therapeutischer Anspruch hat umfassende Entspannung, Beruhigung und Erholung als Ziel.

Die Märchen und Geschichten eignen sich besonders als Gute-Nacht-Geschichten, denn ihre Spannungsbögen sind niedrig und werden am Ende immer aufgelöst. Weiterhin gibt es keinen pädagogischen oder moralisierenden Zeigefinger, angstmachende oder gar grausame Inhalte fehlen ganz. Alle Märchenfiguren sind schlau anstatt mächtig und beherrschend stark. Es gibt keine Gewinner auf Kosten von Verlierern oder Schwächeren. Gutes und Böses wird nicht polarisiert. Es gibt keine zeittypische

Moral, eher eine Ethik, die für Gerechtigkeit, die Bewahrung der Natur und alles Lebendigen sensibilisieren möchte. Hauptfiguren sind Tiere, Pflanzen, Naturerscheinungen und die Elemente, wie z.B. Sonne, Mond und Sterne. Die sinnlich-emotionale Bildersprache ist bewusst eingesetztes Medium.

Märchen lesen oder vorgelesen zu bekommen bedeutet, sich wohlzufühlen. Das schüttet sogenannte Wohlfühl- oder Glückshormone aus (Endorphine), wie z.B. das Serotonin. Diese Glückshormone stärken das Immunsystem, aktivieren die Selbstheilungskräfte. Ruheformeln, Atemberuhigungen und Affirmationen aus dem Autogenen Training, innerhalb oder am Schluss eines Märchens, verstärken deren »heilsame« Wirkung.

In großer Ruhe, im erholsamen Zustand einer ganzheitlichen Entspannung, sind die Märchen und Geschichten »Inseln der Ruhe« oder »Oasen im Alltag«.

Das oft kritisierte »Grausame« im Märchen hat eine wichtige Funktion in der seelischen Entwicklung eines Kindes. Sogenannte böse Märchengestalten bieten eine breite Projektionsfläche für die kindliche Phantasie für Wünsche, Träume, Ängste und Allmachtsphantasien. Eine Bestimmung der Grausamkeit im Märchen ist, diffuse Ängste zu personalisieren und auch zu überwinden. Ist die »böse« Märchenfigur, der »Gegenspieler« bestraft, verschwunden oder gar getötet, bedeutet das für das Kind Katharsis, Reinigung, Läuterung.

Die Psychoanalyse spricht noch einen anderen Aspekt des Bösen an: das Elternimago kann übertragen werden. Die kindliche Ambivalenz den Eltern gegenüber kann über Hexen, Feen, Zauberer, Stiefeltern (eine Bezeichnung der Grimms) folgenlos ausagiert werden. Im natürlichen Spannungsverhältnis von Liebe und Hass kann das Kind ohne schlechtes Gewissen den entsprechenden Märchenfiguren Böses, ja sogar den Tod wünschen. Ohne Schuldgefühle, die oftmals Ursache neurotischer Grundierungen im späteren Leben sind. Aggressive Ohnmachtsgefühle in der Hierarchie Eltern-Kind, auch andere negative

Gefühle können über die »Bösen« im Märchen abreagiert und Affekte gemindert werden. Das Kind kann durch das Märchengeschehen und seine Protagonisten seine eigene Gefühlswelt autonom inszenieren.
Die dargestellten Märchenfiguren sind nie konkrete Menschen, sie sind Symbolträger eines umfassenden Geschehens, und als solche haben sie einen symbolischen Stellenwert in einem unsichtbar gelenkten Prozess.
Märchen sagen viel über das Geheimnis des Menschen aus, über Untiefen und Unbewusstes. Das Leben wird in seiner ganzen Bandbreite vorgestellt, und mit Hilfe der Phantasie werden auch für spätere Lebensphasen Problemlösungsmöglichkeiten, eine Form von Lebenshilfe angeboten.
Phantasie kann aber auch einen negativen Aspekt beinhalten: Erwachsene, als so genannte Ver-rückte, versinken oft in magisch-phantastischen Welten.
Tagträume können für viele Menschen erholsame Oasen der Ruhe werden. Diese selbstbestimmten Ruhephasen unter gesteuerter Kontrolle bedeuten ein bewusstes Ab- und Ausschalten eines hektischen, belastenden Alltags. Doch für manche Menschen bedeutet Phantasie gleich Kontrollverlust, sie fürchten den freien Fall des Verstandes in die undurchschaubare, unbeherrschbare Welt der Phantasie, der Gefühle, die untrennbar mit jener verbunden ist.
Jean Paul sagte: »Phantasie ist das einzige Paradies, aus dem wir nicht vertrieben werden können.« Doch mancher verlässt es freiwillig.
Die Kritik der 68er Bewegung an Grimms Märchen besagte, dass dort soziale Strukturen festgeschrieben seien, die Macht immer den Herrschenden gehöre, und beklagte den Mangel eines emanzipatorischen Anspruchs. In den Märchen werde keine Aufhebung hierarchischer Strukturen und Geschlechterrollen geprobt. Es gäbe ein Oben und Unten in der Gesellschaft, eine enggefasste Moral und kaum Frauen mit Macht und Einfluss.

Das geschmähte »Grausame« in den Märchen wurde damals unreflektiert geschmäht.
Professor Bruno Bettelheim hat in seinem Buch »Kinder brauchen Märchen«, eine Antwort auf die studentische Märchenschelte, umfassend die Bedeutung der Märchen für die kindliche Entwicklung, dargestellt. Er rehabilitiert die Märchen und trug dazu bei, ihren Wert neu zu definieren und zu überdenken. Überzeugend beschreibt er als Analytiker, Therapeut, Pädagoge und Vater die Unverzichtbarkeit der Märchen.
Doch heute sind Märchen in Gefahr, aus dem alltäglichen Kinderleben zu verschwinden. Sie werden ersetzt durch Medien-Phantasien, durch »moderne, mediale Märchen«. Videoproduktionen und Serien wie Superstar und Co. befriedigen eigene, meist unerfüllte soziale und emotionale Wünsche und Bedürfnisse, als Traum und Utopie zur oft banalen (eigenen) Wirklichkeit. Medienphantasien bieten der eigenen Phantasie wenig Freiraum, schüren ein Ausagieren von aggressiven Wünschen in der Wirklichkeit des Alltags. Die medialen Bildproduktionen aktivieren andere Gehirnareale als diejenigen, die durch Lesen oder Vorlesen eigene, authentische innere Bilder entstehen lassen.
In diesen »modernen Märchen« werden Versatzstücke aufgegriffen und eingebaut, und das mit kalkulierter Suggestionswirkung. Aber trotz allen Glanz' und Scheins bleiben sie zu enge Äußerungen einer lebendigen Kreativität. Der Schaden dieser fast täglichen Suggestionen auf Kinder und Heranwachsende wird erheblich unterschätzt: »Fernsehen als zweite Mutterbrust«.
Es geht aber nicht nur um die Austrocknung der eigenen kreativen Phantasie. Bevor Kinder sich die Welt aneignen können, kommt ihnen die Wirklichkeit als Medien-Bild entgegen.
Entscheidung ohne Welterfahrung? Virtuelle Wirklichkeit als Lebensersatz? Der Konsum medialer Phantasien geschieht in sozialer und emotionaler Isolation, in einer trostlosen Einweg-

Kommunikation. Das schließt jeden emotionalen und heilsamen Effekt einer liebevollen Nähe und Zuwendung eines Märchenerzählers oder -vorlesenden aus.
Märchen im Schutz, in der Nähe und Wärme eines zugewandten Menschen, gehören zu unvergesslichen Kindheitserlebnissen und sind oft Baustein eines phantasievollen Lebens.
Brauchen Kinder Märchen? Kinder brauchen Märchen!
Scheherezade konnte ihr Leben mit allnächtlichem Märchenerzählen retten und nach Tausend und einer Nacht den König zum Mann bekommen.
Märchen retteten ihr damals das Leben. Heute lassen wir uns noch immer von ihnen verzaubern. Auf den Flügeln der Phantasie lässt es sich voller Wunder wundervoll träumen.

Das Glückskind

Glückskinder sind Kinder, die eine reiche, farbige Phantasie haben und des Nachts die schönsten Träume träumen.
Eines Nachts schläft ein Glückskind ruhig und träumt einen schönen Traum. Die Phantasie lädt es ein, mit ihr auf Reisen zu gehen. Sie nimmt das Kind auf ihre samtenen Flügel und fliegt mit ihm zum nachtblauen Himmel. Von weitem schon funkeln und schimmern Sterne in allen Größen und Farben. Umgeben vom Nachtblau fliegen sie durch das Meer der Sterne.
Das Glückskind staunt und freut sich über die Schönheit der Nacht. Geborgen, gewärmt und geschützt liegt es auf den Flügeln der Phantasie. Langsam schiebt sich leuchtend der runde Mond durch all die vielen Sterne. Das Glückskind sieht ganz erstaunt, dass am Mond eine Schaukel hängt. Es ist die Mondschaukel, die nur Glückskinder sehen können. Die Schaukel hängt an silbernen Schnüren. Das Glückskind setzt sich auf die Schaukel, und sie beginnt sacht zu schwingen. Ganz ruhig schwingt sie hin und her, hin und her. Das ist wunderschön und ganz beruhigend. Das Glücksind hört, wie die Sterne sich Geschichten erzählen, von der Mondfee und den Wolkenkindern, vom goldenen Schlüssel des Petrus, dem Himmelswächter. Die Sterne erzählen, wie ein riesiger Komet eines Tages über den Himmel fegte, dass viel Sternenstaub zur Erde fiel, sie erzählen, wie ein Stern einen seiner Zacken verlor und ein Wolkenkind den goldenen Himmelsschlüssel versteckte.
Sie erzählen von dem Liebesleid der Mondfee, die sich unsterblich, aber aussichtslos in den Donnergott verliebte.
Das alles hört das Glückskind mit Staunen, bis die Phantasie es wieder auf ihre Flügel nimmt und mit ihm weiterfliegt. Auf dieser Himmelsreise sieht das Glückskind auf einmal an zwei Sternen ein goldenes Netz hängen. Wie eine Hängematte aus feinsten goldenen Fäden, von der Sternenkönigin geflochten.

Die Phantasie lässt das Glückskind sanft hineingleiten. Sicher liegt es dort und schwingt darin hin und her, hin und her. Das ist sehr beruhigend, und das Glückskind wird von einem märchenhaften Traum umfangen.
Als die Zeit des Abschieds gekommen ist, verlässt das Glückskind auf den Flügeln der Phantasie den Himmel mit seinen vielen wundersamen Geschichten. Zum Abschied schenkt die Sternenkönigin dem Kind einen Stern. Es ist ein Glücksstern, den es sich aus der großen Schar der Sterne aussuchen darf. Dieser Glücksstern gehört für immer dem Glückskind. Ihm kann es alles anvertrauen, von seiner Kraft sich nehmen, so viel es braucht.
Wann immer das Glückskind zum Himmel schaut, sieht es seinen Stern, am Himmel oder in der Phantasie, seinen Glücksstern, der ihn sein ganzes Leben lang begleiten wird.

Ruhig bist du, ruhig und ganz entspannt
und träumst ein wenig weiter.

Das Meer der Träume

Auf dem Berg der Welt steht ein gewaltiger Baum. An seinen weitausladenden Ästen hängen schimmernde Perlen, wie aus einer Zauberwelt. Ungezählte Perlen in allen Formen und Farben hängen an den Ästen des gewaltigen Baumes auf dem Berg der Welt. Die Perlen sind die Träume der Menschen, die sie in ihrer eigenen Welt schon lange verloren glaubten.
Ein Sturm erhebt sich eines Tages, nach Tagen voller Gleichmaß. Die Wolken fliegen, fliehen vor der Gewalt des Sturmes. Es ist ein Sturm, der alles Falsche aus der Welt fegt. Er rüttelt und schüttelt den Baum auf dem Berg der Welt. Die erste Perle fällt herab. Sie rollt auf unsichtbaren Straßen des Lebens entlang, immer weiter und weiter, bis sie ein großes Meer erreicht. Andere Perlen fallen herab und folgen ihr zum Meer. Bald sind alle Perlen auf dem Weg, der gewaltige Baum ist kahl geworden. Klagend reckt er seine nackten Äste zum Himmel. Er hat sie geliebt, die Perlen, die die Träume der Menschen in sich bargen.
Alle Perlen nehmen den gleichen Weg auf den unsichtbaren Straßen des Lebens, bis sie das Meer erreichen. Die Perlen, die großen und die kleinen, sie rollen tief ins Meer hinein. Zu allen Zeiten war dies Meer sehr dunkel. Doch nun verliert das Meer die dunkle Farbe. Die schimmernden Perlen lassen das Meer hell erleuchten. Die Menschen verlieren ihre Angst vor dem dunklen, tiefen Meer. Sie erfreuen sich an der hellen Schönheit des Meeres, schöpfen daraus Kraft und Zuversicht. Bald gilt das Wasser des Meeres voll Zauber und Magie.
Die Menschen nennen es das Meer der Träume. Seine Schönheit bezaubert sie, der Schimmer seiner Farbe lädt ein zu träumen. Die Menschen träumen über ihr Leben, über Gott und die Welt. Sie haben ihre Träume wieder gefunden.

Träum den Traum dir weiter.

Der Wind, der aus dem Norden kam

Der Wind, der aus dem Norden kommt, ist kein sanftes Lüftchen. Er ist rau und wild und weht voller Wut über Land, Tier und Mensch. Ohne Erbarmen reißt er vieles mit sich. Von der Erde fegt er die fruchtbare Krume hinweg, reißt Äste und Blätter von den Bäumen und hat auch manche Katze in die Luft gewirbelt. Die Vögel retten sich ins dichte Gebüsch, und die Menschen warten im Haus, bis der Nordwind sich ausgetobt hat. Am Himmel jagt der Nordwind wie in einer Hexenjagd die Wolken über den Himmel.

Tobt der Nordwind in der Nacht, stört er den Schlaf und vertreibt alle schönen Träume. Am Morgen wachen die Menschen dann mit wirren Gedanken und wenig erholt auf.

In der Zeit, in der diese Geschichte spielt, war der Nordwind so unbeliebt wie ein Hexenschuss, der des Menschen Rücken krümmt. Der Frau des Schultheiß eines Dorfes missfiel das sehr. Sie beriet sich mit ihrem Mann, wie man den Nordwind bändigen könne. Als der wieder einmal so über das Land tobte, wurden alle Leute des Dorfes zusammengerufen. Die Kirchglocke hatte sie mit heftigem Geläut geweckt. Als der Nordwind über das Dorf fegte, fingen sie ihn ein und banden ihn unter größter Mühe mit Eisenketten an eine riesengroße, uralte Eiche.

Dort zappelte und zeterte der Wind und suchte sich vergebens zu befreien. Er bettelte unter wildem Gebrüll um Befreiung. Er müsse auf eine große Reise in ein armes Land am anderen Ende der Welt gehen, um dort Regenwolken hinzutreiben, denn es hatte dort lange nicht mehr geregnet, alles Land war verdorrt, Tier und Mensch litten große Not.

Der Dorfschultheiß versprach, den Nordwind freizulassen, wenn er von der anderen Seite des Mondes die von ihm des Nachts vertriebenen Träume der Menschen wieder zurückholen werde. Der Nordwind versprach es hoch und heilig. So wurde

er losgebunden, und mit mächtigem Gebrüll fegte er zum Himmel und ward nicht mehr gesehen.
Doch in der nächsten Nacht geschah Seltsames; die Menschen konnten wieder erholsam schlafen und träumten die schönsten Träume. Am Morgen wachten sie mit fröhlichem Gesicht auf und machten sich an ihre Arbeit.
Und so geschah es jede Nacht; die Menschen schliefen einen guten Schlaf mit schönen Träumen. Wann immer der Nordwind wieder über ihr Land fegte, winkten sie ihm zu. Es schien ihnen, als hätte er seine große Wut verloren.

Du bist ruhig, entspannt und ganz gelöst
und träumst die schönsten Träume.

Sonnenlicht

Die Nacht geht ihrem Ende entgegen.
Der Mond schwimmt durch das All zur anderen Seite des Mondes, und die Sterne lösen sich aus dem tiefdunklen Blau der Nacht.
Die Nacht verlöscht, ein neuer Tag bricht an.
Die Sonne liegt zusammengerollt wie eine Schnecke hinter dicken Wolken. Sie gähnt und beginnt sich auszustrecken.
Langsam entfalten sich ihre Strahlen und strecken sich dem Tag entgegen. Mit jedem Sonnenstrahl wird es auf der Erde heller, und ihre Wärme durchdringt Fauna und Flora, und die Menschen lächeln im warmen Licht der Sonne ihren Nächsten an.
Über allem liegt ein Hauch des Wunders der Wiedergeburt. Alle Farben leuchten in ihrer schönsten Pracht.
Braucht es mehr, um glücklich zu sein?

Du bist ganz ruhig und entspannt
und träumst den Traum dir weiter.

Der goldene Delphin

Es war einmal ein Meer voll Zauber und Magie.
Es war bewohnt von vielen Fischen, so schön und farbenprächtig gestaltet wie von der Hand eines Künstlers. In allen Formen und Farben schwimmen sie inmitten tanzender Algen und schwebender Wasserlilien. Die Muscheln im Sand des Meerbodens bieten Schutz für allerlei Getier. Manch große Muschel scheint wie ein kleiner Palast. Seeschlangen winden sich um Korallenbäumchen. Uralte Meeresschildkröten pflügen durch den Sand des Grundes. Manch kleiner Fisch ruht sich für eine Weile auf deren Rückenpanzer aus.
Inmitten dieser zauberhaften Wasserwelt leben Delphine in großen Familien. Sie schwimmen und springen unter und über dem Wasser. Eines Tages fängt ein Fischer mit seinem Netz Fische für die Tafel des Sultans. Ein junger Delphin verfängt sich mit seiner Rückenflosse im Netz. Überrascht von diesem seltenen Fang, schenkt der Fischer ihn dem Sultan. Der war über das possierliche Tier sehr erfreut und setzt es in ein großes Becken im Hof des Palastes. In dem schneeweißen Marmorbecken hat der kleine Delphin wenig Raum zum Leben. Er wird zum großen Ereignis im Land des Sultans. Viele Menschen kommen ihn zu bestaunen. Jeden Tag stehen sie, staunen und gaffen das gefangene Tier an. Der Delphin ist unglücklich, seine Seele verdüstert sich, und sein Herz wird ihm schwer.
Eines Nachts, der Mond hat gerade sein volles Rund erreicht, singt er seine Klagen. Der Mann im Mond sammelt seit Urgedenken die Klagen von Mensch und Tier und bringt sie vor den Rat der Mondgöttin. Das Leid des Delphins rührt allen das Herz. Die Königin hat bald eine Idee.
Über Nacht verwandelt sie den Delphin in eine goldene Statue und bringt ihn in den Thronsaal des Sultans. Der ist überaus erfreut und liebt von Stund an den kleinen, goldenen Delphin.

Doch niemand außer des Sultans Augen darf ihn sehen. Der goldene Delphin scheint glücklich über die Bewunderung, ja Anbetung des Sultans, auch über die Pracht des Palastes. Bald aber nimmt ihm das neue Leben die Luft zum Atmen. Alles wird ihm zu eng. Er sehnt sich nach der unendlichen Weite des Meeres. Er vermisst seine Familie, all seine Freunde. Er wird sehr traurig. Die Trauer lässt sein funkelndes Gold matt werden, unscheinbar wird er. Das erbost den Sultan. Wütend wirft er den ehemalig goldenen Delphin aus dem Fenster des Thronsaales. In diesem Augenblick stürzt aus dem Blau des Himmels ein großer Vogel herab und fängt im Flug den Delphin auf. Fest in seinen Klauen, fliegt er mit ihm weiter, immer weiter. Bald ist das Meer voller Zauber und Magie in Sicht. Der Delphin entfällt seinen Klauen, gerade als ein Windstoß durch die Wolken stürzt. Der Delphin fällt und fällt durch die Luft. Dabei denkt er an sein ganzes bisheriges Leben. Er hat Angst. Was würde geschehen? Wie wird sein Leben weiter verlaufen? Kein Gold der Welt konnte ihm sein wahres Leben ersetzen. Bevor ihn die Angst überwältigen kann, fängt ihn schützend das Meer auf. Als ihn die ersten Wellen des Meeres berühren, verliert sich der Zauber der Mondgöttin. Das kalte Gold verwandelt sich in pulsierendes Leben. Der kleine Delphin hat wieder seine alte Gestalt. Er taucht, schwimmt und springt voller Freude wieder in seine alte Lebenswelt hinein.

Ruhig, gelöst und ganz entspannt
träumst du nun ein wenig weiter.

Tausend Schritte sind das Leben

Heraus aus warmer Dunkelheit, der erste Schritt ins Leben. Ein Gleiten, Fallen und auch Gezogenwerden, hinein ins Hell, ins Licht, das alle Leben nennen.

Arkadien scheint verloren. Es bleibt ein Schmerz, die Traurigkeit und lebenslange Sehnsucht, das verlorene Paradies Arkadien wieder aufzufinden. Wie viele Schritte muss der Mensch nun laufen? Auf geraden und auch krummen Wegen. Sich verlaufen in Einbahnstraßen oder Sackgassen. Wie sieht sie aus, die Landkarte des Lebens? Ist sie geordnet, ist das Chaos zu umgehen?

Die allerersten Schritte führen in die Zeit fragilen Kinderglücks. Hoffnung auf wenig Stolpersteine, aber Grenzsteine als Sicherheit, die auch alles Sein begrenzen können, zu hoch, um wegzulaufen, auszubrechen. Ein gerader Weg erscheint so leicht. Die ersten Kurven verhindern manche Sicht, das Wissen, was sich dahinter wohl verbirgt.

Die ersten Schritte sind getan, die nächsten sind nicht sicher. Viele Gedanken binden einen freien Lauf.

In welche Richtung ist nun zu gehen? So viele Fragen, jeden Tag nun neu gestellt.

Ist der Weg auch breit genug, um sicher darauf zu schreiten, die Ränder gut befestigt?

Gibt es eine Überholspur? Kann man Geisterfahrern entgehen, die frontal verletzen wollen?

Sind alle Unfälle zu vermeiden?

Ungezählte Schritte in vielen Jahren, manche auf recht kuriosen Wegen, unterbrochen von Baustellen, Ampeln, Unter- und Übergängen. Sackgassen verhindern freies Laufen, Einbahnstraßen das Flanieren.

Bald wird der Weg schmaler und auch steiler, sein Ende verhangen von feingewirkten Tüchern, Schleiern.

Die Schritte verlieren ihren Schwung, langsam mühen sie sich voran. Naht bald das Ende der Tausend Schritte des Lebens? Beginnt der Weg in die Anderswelt? Sind dort Schatten ohne Düsternis und ohne Angst?
Der letzte Weg, ist er ein Weg ins Licht der Ewigkeit?

Ruhig bist du, ruhig und gelöst –
nun träum ein wenig weiter.

Der alte Baum

Es war Weihnachten. Der Tannenbaum, geschmückt mit weißen Kerzen, stand am Fenster und sonnte sich in der Bewunderung der Kinder in der Stube und der Bäume draußen. Die standen winterlich kahl, von allen Blättern, Blüten und Früchten beraubt, und beneideten den weihnachtlich geschmückten Tannenbaum in dem gemütlich-warmen Raum. Von außen betrachtet sahen die brennenden weißen Kerzen wie große Blüten aus. Die Laune der Bäume wurde immer schlechter. Sie schämten sich ihrer winterlichen Nacktheit, und es schien ihnen wenig Trost, dass sie im Frühjahr und Sommer voller Blüten und Pracht erwachen würden. Sich selbst und des Menschen zur Freude.
Besonders griesgrämig war ein alter Baum, dessen weit ausgestreckte Äste wie anklagende Arme in die Luft ragten. Als er eines Nachts wieder in bunte Träume versank, hörte er eine Stimme, die sagte, er solle sich nicht weiter grämen, im nächsten Frühjahr würde er etwas ganz Besonderes erleben. Am nächsten Morgen war dieser Traum wieder verblasst.
Als der Winter das Land verließ und der Frühling Einzug hielt, spürte der Baum ein Ziehen in all seinen Ästen. Als die Sonne ihre Frühlingskraft entfaltete, wuchsen ihm viele kleine weiße Knospen, die eng zusammenstanden und wie kleine Tannenbäumchen aussahen. Das erstaunte den alten Baum sehr. So etwas hatte er noch nie in seinem langen Leben erlebt. Auch die Bäume um ihn herum sahen das kleine Wunder, hatte der alte Baum doch all die Jahre nur ein reiches Blätterwerk vorzeigen können. Der alte Baum mit den weißen kerzenähnlichen Blüten ähnelte wirklich einem geschmückten Weihnachtsbaum. Er war glücklich und freute sich, als ihn Bienen, Schmetterlinge und Vögel eifrig besuchten. Ein reges Leben herrschte nun in seinen Ästen. Es summte, sang und zwitscherte wie ein großes Orchester.

Als der Sommer kam, waren die weißen Kerzen verblüht. Wieder spürte der alte Baum ein Ziehen in seinen Ästen. Als der Herbst nahte, waren anstelle der Blüten kleine, grüne Früchte gewachsen. Sie waren rund und etwas stachelig. Wieder wunderte sich der alte Baum über das Zauberhafte.
Der erste Herbstwind rauschte durch das dichte Laub des Baumes, und plötzlich hörte er ein merkwürdiges Geräusch. Die grünen Früchte platzten auf, und feste, glänzende braune Kugeln, mit ein wenig Weiß in der Mitte, purzelten auf die Erde. Viele dieser kleinen Kugeln lagen einladend auf dem Boden. Kinder sammelten vergnügt die Früchte. Manche bastelten daraus kleine Figuren, andere brachten sie in den Zoo, wo sie für viele Tiere wahre Leckerbissen waren. Der Baum war glücklich und zufrieden. Sein Leben hatte einen neuen Sinn bekommen. Niemals mehr beneidete er einen Weihnachtsbaum.

Du bist ruhig, gelöst und ganz entspannt
und träumst ein wenig weiter.

Land ohne Zeit

Hinter den sieben Meeren und den tausend Bergen lag das Land Zeitlos.
Still lag es zwischen dem Silber des Meeres und dem Blau des Himmels.
Vor vielen hundert Jahren ging in diesem Land die Zeit verloren. Seit damals lebten die Menschen ungestört zwischen Tag und Nacht. Sie lebten wie schwebend zwischen allen Zeiten. Sie hatten den eigenen Rhythmus des Lebens gefunden, jeder auf seine Art. Über dem Land lag eine große Ruhe. Friedlich war es dort, friedvoll und wohltuend.
Eines Tages fand ein Kind dort einen riesengroßen Stein. Eine feine Linie wand sich um seine Mitte. Als das Kind versuchte, den Stein zur Seite zu rollen, brach er auseinander.
Ein seltsamer Klang stieg in die Luft. Aus dem Stein wand sich die Zeit heraus. Durch einen Zauber wurde sie seit undenklichen Zeiten dort gefangen.
Glücklich über ihre Befreiung, entwich die Zeit ihrem Gefängnis. Sie flog über das Land, und nach einer Weile fand sie ihren Platz und legte sich zufrieden dort nieder.
Von diesem Augenblick an veränderte sich im Land alles Leben.
Die Zeit begann ihre Herrschaft. Unerbittlich regelte sie das Tun und selbst das Sein.
Die Menschen verloren ihr eigenes Maß, sie wurden von der Zeit vertrieben.
Die Stille verließ das Land, die Ruhe ging verloren. Tag und Nacht waren nun getrennt.
Über dem Land hinter den sieben Meeren und tausend Bergen lag von Stund an der Fluch der Zeit.

Du bist ruhig und entspannt
und träumst ein wenig weiter.

Spiegel des Lebens

Ein Menschenkind steht vor einem Haus, das eingehüllt ist im Netz der Zeit. An manchen Stellen, hier und dort, scheint das Netz zerrissen. Fäden hängen herab, wie Schicksalfäden wirken sie. Manche noch lose miteinander verwoben, andere fest verknotet. Einsam hängen manche, warten, bis auch sie verbunden werden.

Hinter manch Zerrissenem scheint es dunkel, hinter anderem erscheint es hell. Einiges wiegt schwer, anderes auch leicht.

Das Haus steht unerschütterlich, hält allen Stürmen stand, die rütteln, schütteln, an Dach, Fenstern oder Türen reißen.

Einige Dachziegel haben sich gelockert, rutschen aus kunstvoll Geschichtetem. Übereinander liegen sie, doch auch weit voneinander entfernt. Doch trotz allem, das Dach bietet noch immer Schutz vor Hitze, Kälte, Regen, Eis und Hagel.

Die Fensterscheiben sind blind vor Staub. Die Farbe der Türen ist abgeblättert, wie vernarbte Wunden sieht das aus.

Das Menschenkind, es geht durch das Haus mit leichtem Grausen. Es läuft von einem Zimmer in das andere, über Gänge und Treppen. Es fühlt das Haus mit allen Sinnen. Das Haus erzählt leise seine Geschichten. Was hat es alles so erlebt. Das Menschenkind, es hört gut zu.

Im letzten Zimmer ist ein großer Spiegel. Das Menschenkind sieht sein Bild darin, sein Spiegelbild.

Auf einmal hört es eine Stimme aus dem Nirgendwo. Sie sagt: »Du Menschenkind, schreite durch den Spiegel. Geh hindurch, erst dann wirst du dein wahres Bild erblicken.«

Das Menschenkind fühlt Angst. Die Stimme wird dringlicher. Das Menschenkind zögert, verborgene Ängste werden wach. Schnaubend erwachen sie wie ein Drachen, der im Dickicht des Alltags verborgen sich versteckte. Der Drache reckt und streckt sich, faucht und brüllt.

Das Menschenkind schließt seine Augen, will mutig durch den Spiegel gehen. Es findet plötzlich Mut und Kraft, den Spiegel zu durchdringen. Es nähert sich dem Spiegel, kommt ihm näher, immer näher. Die Brust wird ihm eng, der Atem flach. Ein Schmerz durchdringt das Menschenkind. Ein Ruck geht durch seinen Körper, wie ein Schlag, der langsam dann verebbt.
Das Menschenkind öffnet seine Augen. Es sieht, es hat den Spiegel durchdrungen, überwunden. Es steht in einem unbegrenzten Raum, der voller Licht ist, das silber und golden verwoben scheint.
Ein wundersames Gefühl wird spürbar, befreit scheinen Geist und Seele. Wie schweres Felsgestein fällt es von ihm herab. Die Steine, große und auch kleine, liegen nun rundherum auf der Erde. Durch sie hindurch, auch über sie, ist der Weg zu bahnen, um den unbegrenzten Raum zu betreten, weiter in ihn hineinzugehen. Das Menschenkind wird von Lust durchdrungen, zu tanzen und zu singen.
Vertraut ist bald der neue Raum, schöner als alles bisher Erlebte. Voll Wohlbehagen durchschreitet das Menschenkind den Raum, der ohne Grenzen scheint. Dinge sieht es, die bisher verborgen waren. Das Menschenkind verlässt den Raum, das alte Haus und sieht im Hof einen Brunnen. Tief unten scheint das Wasser glatt wie ein Spiegel. Das Menschenkind schaut hinein und erblickt sich dort, wie einst Narziss. Es sieht sein eigenes Bild, das unverwechselbar und einzigartig Wahre.
Das Menschenkind, es weiß, es hat sich und sein wahres Selbst endlich gefunden.

Ruhig, gelöst, entspannt bist du
und träumst ein wenig weiter.

Pausengedanken

Pausen machen, immer wieder in einer Zeit, die droht, uns zu verschlingen.
Innehalten, die Stille auszuhalten, in einer Zeit, die voller Lärm.
»Sie suchen die Ruhe und fürchten die Stille«, oft konnt ich das erleben.
Flucht vor einer Innerlichkeit, die dröhnender scheint als alles Draußen.
Macht die Stille Angst?
Wovor flüchten wir? Vor uns selbst? Vor dem Blick in den Spiegel? Vor unserem unverstellten Spiegelbild, dem unverhüllten Selbst? Ich denk mir oft das Selbst als eine Zwiebel.
Eine Schale nach der anderen versteckt den gar nicht scharfen Kern.
Wie lange braucht es, um all die Schalen, Häute abzuschälen?
Wie viele liegen übereinander, um das zarte Selbst zu schützen?
Reicht eine Haut denn nicht, um uns zu schützen?
Vor Kälte, Hitze, Liebe oder Hass?
Wie viele Häute sind da vonnöten?
Ich wünsch mir eine einzige Haut, nicht zu dick und nicht zu dünn, die allen Stürmen trotzt und nie zerreißt.

Du bist ruhig, entspannt und ganz gelöst
und träumst ein wenig weiter.

Die silbernen Tränen

Das Märchen spielt in einem Land, das vor vielen hundert Jahren von einem Volk geschaffen wurde und Kunst und Kultur zu hoher Blüte brachte. Noch heute reisen Menschen in das Land, bewundern seine Dome, Kirchen, Schlösser und Museen, diesen Reichtum des Geistes, von Phantasie und auch Visionen. Die Schönheit der Landschaft, auch festgehalten in Gemälden, sie bezaubert die Augen und alle Sinne. Unser Märchen spielt nun dort.

In einem prächtigen Schloss lebte eine reiche Königsfamilie, reich an Gold, doch nicht an Liebe. Sie rangen um Macht und Ansehen, waren erfüllt von Neid und Intrigen. Es ging um Krieg und Unterwerfung. Sie häuften einen großen Schatz an Gold und Juwelen an. Sie bauten immer neue Schlösser, Parks und Gärten, in denen sich die Schönheit des Paradieses spiegeln sollte. Doch bald hatten sie ihren Reichtum verbaut, verspielt und verschludert. Der Sohn des Königs sah das Unheil kommen, Armut und den Verlust ihres Landes. Nur eine reiche Heirat, so glaubte er, konnte sie retten.

Es wurde von einer Prinzessin aus fernem Lande berichtet, die einmal großen Reichtum erben sollte, und ihre Morgengabe war nicht gering. Der Königssohn sandte auf prächtig geschmückten Pferden Boten aus, die in seinem Namen um die Hand der Prinzessin bitten sollten. Mit auf den Weg schickte er ein gemaltes Medaillon, das wohl sein Bild zeigte. Die Prinzessin verliebte sich in das Bild und willigte in eine Heirat ein. Bald reiste sie mit ihrem Gefolge in das fremde Land.

Als sie vor dem Königssohn stand, erschrak sie sehr. Er hatte sie betrogen. Das Bildnis im Medaillon war nicht er, es war ein längst verstorbener Ahn. Der Königssohn war hässlich, klein und linkisch. Doch die Ehe war versprochen. Und so geschah es, sie wurden in der Schlosskirche getraut. Doch keine festliche

Stimmung, keine Fröhlichkeit kam auf. Auch die Gäste waren still und stumm. Dieser Ehe schien kein Glück beschieden. Der Königssohn war nicht nur wenig ansehnlich, sondern er hatte auch ein kaltes Herz.

Seine junge Frau kümmerte ihn wenig. Mit seinen Kumpanen ging er lieber jeden Tag zur Jagd. Ja, er schien die Prinzessin ganz vergessen zu haben. Die wurde immer stiller. Ihr Schicksal erfüllte sie mit Traurigkeit, verdüsterte ihr Gemüt und ihre Seele und machte ihr das Herz ganz schwer.

Sie hatte keine Freunde am Königshof, für alle blieb sie eine Fremde. Sie sehnte sich nach ihrer Familie, nach ihrer Heimat. Die Kälte des Hofes, die Gleichgültigkeit ihres Gemahls, verdarben ihr jeden Tag und jede Nacht. Sie weinte in der Nacht ohne Unterlass.

Eines Nachts, als wieder ihre Tränen flossen und den Boden benetzten, hörte sie ein feines Klingen. Am hellen Morgen fand sie am Boden viele kleine silberne Tropfen liegen. Ein kleiner Berg aus zu Silber gewordenen Tränen lag ihr zu Füßen. So geschah es nun Nacht für Nacht. Die Prinzessin sammelte die zu Silber gewordenen Tränen in einer großen Truhe, die sie gut verschloss. Als eines Tages die Truhe bis zum Rand mit silbernen Tropfen gefüllt war, versiegten ihre Tränen. Ihr Gemüt schien von aller Traurigkeit befreit.

Den silbernen Schatz bot sie dem Königssohn an, wenn er sie freigeben würde und zurück in ihre Heimat reisen ließe.

Der Königssohn war geblendet vom funkelnden Silberschatz und willigte sofort ein. Die Traurigkeit der Prinzessin hatte wie ein dunkler Schatten über allem gelegen. Selbst die Tiere in Schloss und Garten schienen nicht mehr froh. Viele Diener schleppten die schwere Kiste mit den silbernen Tropfen in den Thronsaal. Vor den Füßen des alten Königs wurden sie ausgebreitet, und plötzlich schien der Saal in einem neuen, hellen Licht. Der Silberschatz ward ihre Rettung vor Armut und Verlust ihrer Güter.

Glücklich reiste die Prinzessin in ihre Heimat, zu ihrer Familie zurück.
Dort lebte sie weiter, doch das ist eine ganz andere Geschichte.

Träume dir das Märchen in großer Ruhe weiter.

Der steinerne Prinz

In ihrem Schloss lebt eine Königsfamilie glücklich und zufrieden. Die Königskinder wachsen behütet auf und gedeihen aufs prächtigste. Einzig eines der Kinder, der jüngste Sohn, unterscheidet sich von seinen Geschwistern. Er ist hochnäsig und sieht mit Verachtung auf andere Menschen herab. Er achtet weder die Natur mit all ihren Tieren und Pflanzen noch die Eltern und ihre Bediensteten. Auf der Jagd tötet er nur aus Spaß, und Blumen reißt er die Köpfe ab. Den Königseltern bereitet das große Sorge.

In einer Vollmondnacht rufen sie eine alte Zauberin um Hilfe an. Die sagt ihnen, der Prinz hätte ein Herz aus Stein. Sie werde ihn deshalb zu einem steinernen Prinzen verzaubern.

Als am nächsten Morgen die Königseltern in den Park kommen, sehen sie am Ufer des Schlossteiches eine wunderhübsche Figur aus weißem Marmor stehen. Es ist der Prinz, still und starr aus Stein. Die Eltern sind traurig, trösten sich aber mit der Weissagung, dass eines Tages eine Prinzessin aus einem fernen Land den steinernen Prinzen durch Liebe erlösen würde.

Und so vergehen die Jahre. Als die älteste Königstochter sich vermählt, kommen aus allen Landen Prinzen und Prinzessinnen zum großen Fest. In prächtigen Kutschen, gezogen von geschmückten Pferden, rollen sie zum Schloss. Der Ballsaal ist mit tausend Blüten und Kerzen geschmückt. Feines Porzellan steht auf damastgedeckten Tischen. Die Schönheit und Pracht blenden fast die Augen.

Die Glocken der Schlosskapelle erklingen, und das Hochzeitsfest kann beginnen. Die Festbesucher sind in Seide und Brokat gekleidet. Einzig die Tochter eines Fürsten aus fernem Land fehlt unter all den Gästen. Sie läuft durch den Schlosspark, versteht die Lieder der Vögel, spricht mit den Blumen und Bäumen und ist glücklich. Sie meidet die vielen Menschen und ist gern mit sich allein. So kommt sie auch zum Schlossteich. Sie sieht die weiße Marmorstatue und ist berührt von deren traurigen Augen. Versunken in den Anblick, vergeht die Zeit. Das Herz wird ihr schwer. Sie wünscht sich, die Figur zum Leben zu erwecken. Sie hat sich in den steinernen Prinz verliebt und schwört, sich nie mit einem anderen Mann zu vermählen.

Sie erreicht das Schloss am Ende des Festes. Sie erzählt dem Fürsten, ihrem Vater, dass sie nie heiraten werde, sie habe ihr Herz verloren. Verloren an einen steinernen Prinzen. Die Eltern sind bekümmert, ihre Tochter ist so wunderschön und hat ein großes, liebesvolles Herz. Ihr Lächeln macht die Menschen froh.

Die Jahre vergehen. Die Prinzessin reist durch das Land ihres Vaters, verteilt guten Rat und auch Geschenke. Die Menschen lieben sie, ihr sanftes, herzliches Wesen.

Von all dem hört die alte Zauberin im Land der Königsfamilie. Es rührt ihr Herz, als sie sieht, dass die Liebe der Prinzessin zu dem steinernen Prinzen in all den Jahren nicht vergeht.

Als die Prinzessin wieder einmal im Schloss der Königsfamilie weilt, eilt sie zum Schlossbrunnen, wo noch immer der steinerne Prinz verharrt. Sie wird von ihrer Liebe überwältigt und weint tausend Tränen. Sie weint so sehr, dass das steinerne Herz des Prinzen, sein kaltes Herz zu tauen beginnt und in Liebe zur Prinzessin entbrennt.

Als die Prinzessin ihre Tränen getrocknet hat, sieht sie ein Wunder, zu dem die alte Zauberin beigetragen hat. Der steinerne Prinz ist zu einem warmherzigen Menschen verwandelt. Die Liebe der Prinzessin, ihre Sehnsucht hat sich erfüllt.

Beide leben in Liebe und Eintracht noch ein langes, gemeinsames Leben, und wenn sie nicht gestorben sind, dann leben sie noch heute.

Du bist ruhig, gelöst und ganz entspannt
und träumst ein wenig weiter.

Das goldene Netz

Helios, der Sonnengott, fährt jeden Tag mit seinem Wagen, gezogen von feurigen Rössern, über den Himmel. Er überprüft die Sonne mit ihren Strahlen, ob sie gepflegt und hell über der Welt erstrahlen. Ob ihr Licht und ihre Wärme die Welt mit Leben erfüllen und der Regenbogen in den schönsten Farben leuchtet, jeder Fluss und alle Meere silbern schimmern und glänzen, ob sich die Knospen zu Blüten öffnen und das Korn, der Wein wohl reifen werden.
Eines Tages entdeckt Helios, dass einige Sonnenstrahlen fehlen, und so macht er sich auf die Suche. Am Gestade eines Meeres findet er sie. Dort sitzen sie einträchtig im Rund und knüpfen ein Netz, gewirkt aus goldenen Fäden. Fäden aus dem Sonnengold. Es ist ein ganz besonderes Netz. In ihm lässt sich das Glück einfangen. Ist es zu klein, fällt es aus dem goldenen Netz heraus und tief ins Dunkel des Meeres hinab. Dort, wo ein Palast des Helios' steht. Ein Palast, in dessen Mauern die Geschichte der Menschen eingeschlossen ist. Seit ewigen Zeiten sind hier Geschichten und die Geschichte der Menschen aus allen Teilen der Welt versteckt, einer Welt von gestern, heute und auch morgen. Als Helios aus seinem Palast gefahren ist und am Gestade die vermissten Sonnenstrahlen gefunden hat, verspricht er ein Stück vom Glück jenen Menschen, deren Herz ohne Arg und Bosheit ist. Erst wenn die Sonnenstrahlen diesen Menschen gefunden haben, können sie sich wieder in den Kranz aller Strahlen einfügen.
Die Sonnenstrahlen begeben sich auf die Suche. Sie suchen in aller Welt, aber sie finden keinen Menschen, der die Bedingungen des Helios' erfüllt. Neid, Hass, Wut, Bosheit und Lügen vergiften die Herzen vieler Menschen. Enttäuscht und traurig wandern die Sonnenstrahlen über die Erde. Sie verlangen zum Himmel zurück, in den Kranz aller Strahlen.

Als sie die Hoffnung schon fast aufgegeben haben, geschieht es. Sie finden ein neugeborenes Kind, mit einem reinen Herzen und der schönsten Seele. Sie schenken ihm ein großes Stück vom Glück.
Als das Kind erwachsen ist, verschenkt es das Glück, verteilt es unter die Menschen. Seit zwei Jahrtausenden zehren viele Menschen davon und haben seinen Namen nicht vergessen.

Entspannt und ruhig bist du
und träumst ein wenig weiter.

An ein ungeborenes Enkelkind

Der Sommer hat sich verkrochen. Ich blicke in den wolkenverhangenen Himmel und träum so vor mich hin.
Ich stell mir vor, dort oben, in der Unendlichkeit, sitzt Gott, nicht gut gelaunt ob all der Unbill in der Welt, der Unvernunft der Menschen, die missverstehen den Bibelspruch »Der Mensch mache sich die Erde untertan«, die sie nun schänden und zerstören und ihr Wunden schlagen, die schwer zu heilen sind.
Wird das ungeborene Enkel noch große Wälder sehen, die üppig grün und voller Leben sind, Auge, Geist und Herz erfreuen?
Verbleiben alle Tiere noch auf Erden, sind nicht verschwunden, als hätte es sie seit Millionen Jahren nie gegeben?
Hinterlassen wir Schönheit, Kunst, Kultur, ein liebes- und lebenswertes Leben?
Wird Technik zur Beherrscherin allen Tuns und Seins? Verschwinden Werte, Glaube, Zuversicht?
Wird es fragen, das Kind, wo ist Gott, und was denkt er sich bei all dem Chaos, Krieg und Leiden?
Wo ist der Sinn, was hat es zu bedeuten, dass, seit Adam um eine Rippe leichter, der Ärger nun erst recht begann?
Werde ich, wie die Alten aus den Märchen, dem Enkelkind erzählen: »Es war einmal …«?
Die Sonne bricht sich in diesem Augenblick ihren Weg durch das Sommerhimmelsgrau und auch durchs verdüsterte Gemüt.
Vielleicht war alles doch nur ein böser Traum.

Träum dir einen schönen Traum nun weiter.

Der andere Stern

Am Abend eines schönen Tages ist die Sonne müde geworden vom langen Scheinen. Langsam versinkt sie am Horizont. Ein letzter Sonnenstrahl vergoldet den Himmel. Die Dämmerung bricht an, und das letzte Sonnenlicht verabschiedet sich. Bald wird es Nacht, und der wolkenlose Himmel wölbt sich wie ein dunkelblaues Zeltdach über der Erde. Im Nachtblau schimmern die Sterne wie silberne Punkte am Himmel. Sie alle gehören zu großen Sternenfamilien. Jeder Stern hat seinen angestammten Platz, alles hat seine Ordnung.

Einzig ein Stern, nicht auffällig und gar nicht strahlend, lebt für sich allein. Er geht seine eigenen Wege, Nacht für Nacht. Als der Mond sich wieder einmal rundet, beginnt der Stern seine nächtliche Wanderung. Er begegnet dem Abendstern, der am hellsten strahlt, er grüßt den Orion und den großen Bären freundlich und wandert in den dunkleren Teil des Himmels. Von hier kann er besonders gut zur Erde schauen, die in einem geheimnisvollen Blau erscheint. Er sieht die fünf Erdteile, die großen Weltmeere, hohe Gebirge, Länder, Städte und kleine Dörfer. Er erkennt die Flüsse, Menschen und Tiere, Haus und Hof. Nichts entgeht seinem scharfen Blick.

Über die Namen der Meere wundert er sich sehr, heißen sie doch Rotes, Gelbes und auch Schwarzes Meer. Aber er sieht kein rotes, gelbes oder schwarzes Wasser dort. Alle Meere scheinen von hier oben blau, manchmal grün und weiß die wilden Wellen, die oft wütend gegen das Land stürmen.

Der Stern wandert weiter und gelangt hoch über den Erdteil Europa. Dort sieht er die Ruinen alter, ausgestorbener oder besiegter Völker. Die Ruinen strahlen noch immer Würde und Schönheit aus, riesige Tempelsäulen ragen in den Himmel. Marmorne Sitzreihen der großen Arenen und Theater trotzen unzerstört der Zeit. Kleine Seen inmitten großer Paläste fun-

keln im Mondlicht. Der Stern erfreut sich an den kunstvollen Bildern einer längst vergangenen Zeit. Er träumt sich für eine kurze Weile in diese Zeit. Er sieht das Leben, die Menschen von damals, fühlt ihre Freude und auch ihr Leid.
Doch er muss weiter, überquert ein weites Meer, bis er über dem Erdteil Amerika ankommt. Im südlichen Teil dieses Kontinents sieht er riesige Urwälder, versteckt in ihnen Pyramiden, große Paläste und Städte eines versunkenen Reiches, das Reich der Maya und der Inka, die darauf warten, ausgegraben zu werden. Viele ungelöste Rätsel winden sich um diese Kulturen, ihre Pracht und ihren Reichtum. Sagenhafte Schätze aus Gold warten noch immer in der Erde, sie wollen ans Tageslicht und viel erzählen.
Etwas entfernt von der alten Pracht ist neues Leben. In den Städten locken bunte Märkte die Menschen von nah und fern. Der Stern vermeint Musik zu hören, Musik auf den Märkten, nach der die Menschen dort fröhlich tanzen, bewacht von hohen, schneebedeckten Bergen.
Weiter geht die Reise nach dem Norden Amerikas. Der Stern überquert riesige Flüsse, unbegrenzte Felder und Weiden, Gebirge, deren schneegekrönte Häupter leuchten.
Bald sieht der Stern Städte aus modernen Zeiten. Hier scheinen viele Häuser bis zum Himmel zu ragen. Sky-scraper nennt man sie, »sie kratzen am Himmel«.
Die Städte sind so groß, dass der Stern viel Zeit verbraucht, um sie zu überfliegen. Bald verlässt er die letzte dieser Metropolen. Er kommt zum nördlichsten Teil des Erdteils. Alaska heißt das Land, ein Land voll Schnee und Eis. Das viele Eis blendet fast den Stern, der eilig weiterzieht. Unter ihm liegen tausend Inseln wie Perlen im Meer. Eine Inselwelt, blumenreich und voller Düfte, die den Menschen dort viel Freude schenken und sie lächeln lässt. Doch auch diese Welt verlässt der Stern. Weiter geht die Reise über Asien, wo sich die chinesische Mauer als eines der Weltwunder durch das ganze Land windet. Vor langer, langer

Zeit haben Millionen von Menschen diese graue Schlange aus Steinen gebaut. Sie hat alle Zeiten und viele Kriege überstanden, ist ein Symbol von Macht, und nicht alle, die dort bauten, konnten überleben.
Der Stern fliegt nun über Afrika. Hier bedecken große Wüsten das Land, mal flirren sie in Gold und auch in Grau mit vielen Steinen. In großen Wildparks leben Tiere, geschützt vor dem Menschen, ungestört und freuen sich ihres Lebens.
Zu guter Letzt überquert der Stern Australien, den kleinsten Erdteil. Auch hier gibt es große Städte, hohe Berge, Wälder und viel Wasser zu bestaunen. Die Ureinwohner waren die Aborigines, von denen nur wenige noch in Verbundenheit mit der Natur leben. Selten leben sie nach ihren alten Sitten und Gebräuchen. Selten noch wandern sie auf Traumpfaden durch das Land mit seinen Geheimnissen, die nur sie kennen und erleben. Sie konnten mit Tieren, Steinen, Bäumen und vielem mehr sprechen, sie hörten Klänge und Gesänge, die nur ihnen ganz vertraut sind.
Der Stern hat die Erde umrundet und wendet sich wieder Europa zu. Er fliegt über die Alpen, dies uralte Gebirge, deren schneebedeckte Berge sich wie eine Kette durch viele Länder ziehen. Im Sommer sind die grünen Matten in der Bergwelt voll Blumen, und die knorrigen alten Fichten verströmen ihren harzigen Duft.
Die Zeit ist verstrichen. Der Stern muss zurück zu seinem Himmelsplatz. Er hat so viel gesehen, gehört und erlebt, sein Herz ist voll, er will erzählen von all dem Schönen und auch Unbekannten. Und so beschließt er, sich einzufügen in eine der großen Sternenfamilien. Behütet und beschützt genießt er dort bald großes Ansehen und gibt manch klugen Rat den jungen Sternen.

Ruhig bist du, ruhig und ganz entspannt
und träumst ein wenig weiter.

Das Herz aus Rubin

Der Mann lebt unter den Menschen. Keiner kennt ihn. Es ist, als sei er der wiedergeborene Harun al Raschid, der unerkannt durch das Volk wandern konnte.
Der Mann setzt beim Laufen einen Fuß gerade vor den anderen. Wie ein Fuchs schnürt er seine schmale Spur. Sein Tritt auf dem Pflaster ist lautlos, so, als versinke er im Schnee. Sein Körper hinterlässt beim Laufen atemleichte Wirbel. Begegnet er einem anderen Menschen, verbleibt als einzige Berührung nur ein leichtes Flirren in der Luft. Seine Blicke verlieren sich nie in den Augen anderer, sie dringen wie unsichtbare Strahlen durch jede andere menschliche Existenz. Sie bleiben in den gläsernen Ästen der Lebensträume hängen. Der Mensch lebt wie ein Luftwesen in einer Welt, die sich »Ich will« nennt. Sie ist schwer geworden von dem »Ich will«.
Bleischwer zieht die Zeit an den Säumen der Menschen. Ihre Schritte sinken in die Erde. Sie hinterlassen klaftertiefe Spuren.
Der Mensch lebt mit einem Herzen aus Rubin. Dessen blutrote Farbe täuscht Wärme vor. Die glänzend geschliffenen Facetten des Herzens aus Rubin verbergen seine Kälte. Das Herz hängt an den Adern wie ein taumelndes Gewicht. Es zieht den Menschen immer wieder in das Leben hinein. Der Mann läuft durch das Leben wie ein Schatten seines Selbst. Der Rubin liegt ihm schwer in der Brust.
Der Mann träumt einen Traum. Er träumt, sein Herz sei voll warmen Blutes. Menschen kommen zu ihm, um sich an seiner Liebe zu wärmen. Doch am Morgen wacht er auf und fühlt sein Herz aus Rubin. Als seine Schatten immer länger hinter ihm herziehen, erkennt er, dass er am Fluss ohne Wiederkehr angekommen ist. Er muss sich von seinem Schatten trennen.

Träum dir den Traum nun weiter.

Mondlicht

Es ist eine Nacht wie keine andere.
Das Licht des Mondes füllt die Weite des Himmels aus.
Die Lichtstrahlen des Mondes scheinen wie Straßen zu Anderswelten. Sie führen zu den Sternen, hinter jedem sich eine Seele verbirgt. Hat der Mond sein volles Rund erreicht, beginnt auf den Mondlichtstrahlen ein reges Leben. Auf silbernen Strahlen rutschen die Seelen hinab zur Erde. Für Menschenaugen unsichtbar, bewegen sie sich lautlos durch ihre alte Welt. Sie winden sich zwischen den Menschen hindurch, die manches Mal ein leichter Lufthauch sanft berührt.
Menschen-Kinder, Glückskinder mit ihrer bunten Phantasie und ihren weit geöffneten Herzen, hören zarte Stimmen, wie feine Silberglöckchen, die nur für sie den Alltagslärm durchdringen. Sie hören Klänge, aber auch wundersame Geschichten, Märchen voller Poesie, die sie tief berühren. Die laden ein, in schönste Träume zu versinken. Dort erleben sie eine Welt voll Zauber und Magie. Sie erleben Abenteuer und vollbringen Heldentaten und können Mensch und Tier vor Unglück schützen. Sie fliegen durch die ganze Welt, durch Träume, von denen sie sich ein wenig Silberstaub bewahren.

Ruhig bist du, entspannt und gelöst,
du fühlst dich wohl und träumst ein wenig weiter.

Das Meerauge

Vor Urzeiten war alles Land von ungeheuren Wassermassen bedeckt. Meere bedeckten die Welt. Es kam die Eiszeit, in der alle Kräfte der Natur gebündelt in Kälte und Eis verharrten, wie in einem tiefen, langen Winterschlaf.
Der Himmel konnte sich ungestört im Wasser spiegeln. Manche Wolke beäugte sich eitel im Wasserspiegel und fand sich aufregend schön. Die Wolken spielten jeden Tag das Spiel, wer ist heute die Schönste? Sonne und Mond waren die Allerschönsten. Ihr Licht auf der Oberfläche des Wassers schien wie flüssiges Gold und Silber zu sein. Die Sterne waren bescheiden. Sie waren zu klein, um mit den anderen zu konkurrieren. Ihre Abbilder erschienen nur als kleine Lichtpunkte in der Weite des Meeres.
Als sich langsam die Welt erwärmte, wurden die Meere kleiner, ihr Wasser verdunstete. Berge und Land wuchsen aus ihren Tiefen heraus. Die Eiszeit verging. Eine neue Welt mit Menschen, Tieren und Pflanzen war entstanden.
In einem Land zog sich das Meer zurück, und zurück blieben Wasserinseln, wie runde Seen inmitten einer blühenden Landschaft. Meeraugen wurden sie genannt, so rund und blau, wie sie waren. Im ganzen Land waren sie verteilt. Aber unten, in der Tiefe, waren alle miteinander verbunden. Wie Arme waren diese Wasseradern, die kein Meerauge ausschloss. Sie hatten ihre eigene Sprache und konnten sich untereinander verständigen.
Und so sprach es sich eines Tages herum, dass ein Meerauge in großer Gefahr war. Menschen hatten auf dem Grund des Meerauges Diamanten entdeckt. Durch riesige Vulkanausbrüche waren sie vor Abermillionen Jahren entstanden. Die Menschen hielten sie für sehr kostbar. Wurde das harte Gestein geschliffen, wurden sie funkelnde Edelsteine. Sie waren so kostbar, dass nur Könige, Fürsten und die Reichen des Landes sich an ihnen erfreuen konnten. Manche Königskrone, mancher Bischofsstab

war mit einem besonders großen Diamant geschmückt. Jeder versuchte, den anderen an Pracht und Reichtum zu übertreffen. Kriege wurden deshalb geführt, Menschen verkauft und getötet. Die Gier nach diesen Kostbarkeiten war groß.
Als das Meerauge, auf dessen Grund die Edelsteine lagen, hörte, dass die Menschen danach schürfen wollten, bekam es große Angst. Maschinen und Werkzeuge würden die Ruhe des Wassers stören, der Grund würde aufgewühlt und die blaue Schönheit des Meerauges wäre für immer zerstört.
Die böse Nachricht war unter allen Meeraugen verbreitet, und sie berieten, wie das Übel abzuwenden sei. Dann hatten sie einen schlauen Plan. Alle schickten durch die Wasseradern, die unterirdischen Arme, Unmengen von ihrem Wasser zu dem bedrängten Meerauge. Das quoll über, und die Wassermasse stürzte über das Land. Land wurde zerstört, die Menschen erschraken und verloren all ihre Habe. Sie versuchten sich zu retten. Niemand dachte mehr an die Diamanten oder gar, sie ans Tageslicht zu heben. Sie dachten nur an ein Überleben, möglichst weit vom Meerauge entfernt. Sie siedelten sich in einem breiten Tal an und begannen die Erde zu roden und zu bestellen. Sie begannen ihr neues Leben mit der Hege und Pflege des Landes, von Flora und Fauna. Das Land gedieh prächtig, und die Tiere vermehrten sich. Das Meerauge war gerettet, und dankbar erfreute es sich noch eines langen Lebens.
Viele Jahre später war unter den Menschen das Wissen um die Diamanten vergessen, und sie erfreuten sich einzig an der Schönheit des blauen Meerauges.

Du bist ruhig und entspannt, gelöst und fühlst dich wohl und träumst ein wenig weiter.

Die Glaswand

Ein Mensch bemerkte eines Tages mit Schrecken, dass er sein Herz verloren hatte. Auf dem Weg durch das Leben war es ihm unbemerkt verloren gegangen.
Sein Schrecken war groß, und seine Fragen, wie er all die Zeit leben, lieben und sich freuen könne, bedrängten ihn sehr. Der Mensch entdeckte, dass er hinter einer Wand aus Glas saß. Er konnte das Leben sehen, wie es an ihm vorüberzog. Angst befiel ihn, dass die Wand aus Glas zerbrechen könnte. Deshalb beschloss er, die Glaswand zu verstärken. Schicht um Schicht türmte er das Glas auf, bis es so hoch und dick war, dass er auch nichts mehr hören konnte. Er sah die Menschen mit seinen Augen draußen vorübergehen, aber er sah sie nicht mit seinem Herzen.
Angst hing wie eine Fessel an ihm, lähmte seine Seele. Und so vergingen die Jahre.
Allein fühlte er sich und voller Trauer.
Eines Tages begab er sich auf die Suche nach seinem Herzen. Er fand es nicht, nicht unter Freunden, auch nicht in der Liebe. Er suchte weiter, fand vieles, aber nicht sein Herz.
Er lernte, seinen Schmerz vor aller Welt zu verbergen.
Langsam verlor die Sonne ihr Strahlen, die Sterne das Leuchten, die Musik ihren Klang, die Freude ihren Glanz.
Des Nachts träumte er, er versinke im schwarzen Meer der Melancholie. Eines Tages begegnete ihm ein weiser Mensch. Auch er hatte vor langer Zeit sein Herz verloren, aber eines Tages auf wundersame Weise wieder gefunden. Der weise Mensch erzählte ihm vom Anbeginn der Welt, von Göttern und Menschen, von Gott und dem Leben. Der Mensch, der sein Herz verloren hatte, sah die Welt und sein Leben wie durch einen Spiegel.
Der weise Mensch sprach zu ihm: »Du hast vergessen, dass du frei wie ein Vogel bist. Gott hat dir alle Freiheit geschenkt. Doch

du hältst dich gefangen hinter der Wand aus Glas. Du bist wie ein Huhn, aber nicht wie ein Adler. Besinn dich deiner Adlerschwingen, flieg aus deinem gläsernen Gefängnis.«

Angst beschlich den Menschen, als er diese Worte hörte. Würde er fliegen können, den freien Flug erproben? Was würde geschehen im Wind und Sturm des Lebens, im freien Sein?

Eines Tages fiel die Angst wie eine enge Schlangenhaut von ihm ab. In Gedanken schüttelte er seine Flügel, doch sie schienen winzig klein. Würden sie ihn tragen können? Er schmeckte, roch und fühlte die Freiheit. Das wollte er nicht mehr verlieren. Er sah, dass die Glaswand zu überwinden war. Er breitete seine Flügel aus und erhob sich in die Lüfte. Immer mehr Luft fühlte er, immer mehr Raum. Jedoch den freien Flug ins Ungewisse wagte er nicht. Angst, Stolz, Eitelkeit, Gier nach Macht und Besitz hingen wie Kletten an ihm. Sein Ego war gefangen, gefesselt, verstrickt. Felsenschwer war der Ballast seines Lebens.

Doch eines Tages war es soweit. Die Flügel ausgebreitet, flog er hoch und weit hinein ins neue Leben. Alle Ängste blieben zurück. Höher und höher flog er, in die Weite der Welt, dem Licht, der Sonne entgegen. Das Licht und die Wärme, sie erfüllten seinen ganzen Körper, seinen Geist und seine Seele. Es war ein ganz unglaubliches Gefühl. Plötzlich fühlte der Mensch, wie Eis in ihm zerbarst. Die Kälte verließ seinen Körper, sein Gemüt, und wohlige Wärme breitete sich aus. Auf einmal hörte er ein ungewöhnliches Geräusch. Es kam nicht von draußen, es kam aus seinem eigenen Körper. Ein ruhiges, regelmäßiges Klopfen war zu spüren. Da wusste der Mensch, dass er sein Herz wieder gefunden hatte.

Ruhig bist du, ganz ruhig und entspannt
und träumst ein wenig weiter.

Der Rosenstrauch

In einem alten englischen Garten steht ein Rosenstrauch, der vom Frühling bis zum Herbst bedeckt von roten Rosen ist. Eine Blüte schöner als die andere. Vor so viel Schönheit stehen die Menschen bewundernd. Davon erfährt das ganze Land, und junge und alte Menschen eilen zu dieser Schönheit.
Der Rosenstrauch wurde eines Tages müde von der Bewunderung. Vom vielen Blühen fühlte er sich erschöpft. Die ungezählten Blüten hatten zu viel von seiner Lebenskraft verbraucht. Der Rosenstrauch hatte die Bewunderung der vielen Menschen sehr genossen, eitel gab er sich der Anbetung hin. Als er langsam welkte, die Blüten ihr schönes Rot verloren hatten, ergriff ihn eine tiefe Traurigkeit. Er hatte keine Freude mehr an seinem Leben.
An einem Tag im Herbst, die Nebel hingen in Büschen und Bäumen, setzte sich ein Vogel auf den Rosenstrauch und sagte zu ihm: »Vergiss deine Eitelkeit, dein Bestreben, dich so glänzend den Menschen zu zeigen. Gebe dein Warten und Hoffen auf Bewunderung auf. Blühe nur zu deiner eigenen und Gottes Freude.« Der Rosenstrauch nahm sich die Worte zu Herzen. Und siehe da, an einem Tag im Frühling grünte der Rosenstrauch wieder, und an einem hellen Sommertag wuchs eine erste Rosenknospe aus dem Grün. Als ihre Zeit gekommen war, erblühte sie zu einer wunderschönen, schneeweißen Rose.

Ruhig und entspannt bist du, fühlst dich wohl
und träumst ein wenig weiter.

Wie das Blau in die Welt kam

Es war eine Zeit, da lebte im Himmel eine Königin. Glücklich und zufrieden lebte die Himmelskönigin in ihrem prachtvollen Wolkenpalast. Zu ihrem Hofstaat gehörten die Sterne, junge und auch sehr alte Sterne, in allen Formen und Farben. Große und auch kleine Sterne schimmerten silbern und golden am Firmament. Manchmal besuchte ein riesiger Komet den Palast. Der Palast barg einen großen Schatz. Es war ein Edelstein in schönstem Blau. Der Schatz wurde von alten, erfahrenen Sternen bewacht. Jeden Tag zur gleichen Zeit wurde der blaue Edelstein vor den Thron der Himmelskönigin gebracht. Sie nahm ihn in ihre Hände, drehte und wendete ihn, und sein Blau spiegelte sich in den Wolken, die aufs schönste erstrahlten.

In dieser Zeit herrschte große Ruhe im Palast und unter allen Sternen. Sie hielten inne und nutzten die Zeit, um nachzudenken über sich und andere, über Liebe und Leid. Das Blau hüllte sie ein, geborgen und geschützt fühlten sie sich.

Auf der Erde konnte man das Blau nicht sehen. Himmel und Erde, Flüsse und Meere schienen grau. Das Grau färbte ein wenig die Stimmung der Menschen. Eines Tages passierte im Palast der Himmelskönigin ein Unglück. Ein Stern wollte gerade den Edelstein zum Thron tragen, als er stolperte, und in seinem Schreck glitt der Stein aus seinen Händen. Er fiel durch die Wolken hindurch auf die Erde. Dort zerbrach er in viele, viele Stücke.

Plötzlich geschah auf der Erde etwas Seltsames. Himmel, Flüsse und Meere erstrahlten in schönstem Blau. Die Menschen schauten fast atemlos vor Erstaunen das Wunder an. Ihre Welt hatte sich verändert. Es schien, als erfülle das Blau die Welt mit neuer Kraft. Auch die Menschen fühlten diese Kraft und auch viel Freude. Jeden neuen Morgen erwachten sie mit großer Zuversicht.

Die Weissagung

Vor langer Zeit, nach vielen vollen Monden, lebt in einem dichten Forst ein weißes Reh. Da es sich von den anderen braunen Rehen so auffällig unterscheidet und sie es nicht lieben können, lebt es allein.

Eines Tages, als es wieder durch den Wald läuft, hört es eine Stimme. Sie kommt aus einem ausgehöhlten Baum. Es ist die Stimme einer Eule, die so alt ist, dass sie vergessen hat, wann sie geboren wurde. Die Eule gilt als klug und weise, ihr Rat wird gerne angenommen. Sie rät dem weißen Reh, den engen Wald zu verlassen und in die weite Welt zu gehen. Dort warte eine Aufgabe auf es. Das Reh vertraut der Botschaft und begibt sich auf einen langen Weg, voll Neugier auf das Neue.

Das Reh läuft durch Wälder und Auen. Es erreicht einen See, der im Mond- und Sternenlicht schimmert und den es durchqueren muss. Der Mond weist mit seiner Silberlichtstraße den weiteren Weg.

Nach einer Weile wird das Reh müde und legt sich ins weiche Moos zum Schlafen. Es träumt die schönsten Träume.

Am anderen Morgen wird es von der Sonne geweckt, die ihre goldenen Strahlen über das Land wirft. Das Reh läuft weiter, nach einer inneren Aufgabe, einem inneren Plan. Bald sieht es in der Ferne auf einem Hügel ein Schloss. Die Kuppeln seiner Türme leuchten in der Morgensonne. Das Reh eilt dem Schloss entgegen. Es scheint nahe, doch über dem Tal vor dem Schloss wölbt sich keine Brücke. Das Reh ist ratlos, aber plötzlich leuchtet ein Regenbogen wie eine große Himmelsbrücke auf. Sie führt direkt zum Schloss. Das Reh läuft über diese prächtige Brücke. Die Farben des Regenbogens scheinen eine magische Kraft zu besitzen. Jede Farbe hat eine eigene Kraft, einen eigenen Klang. Als das Reh die Brücke verlässt, steht es auch schon vor dem schmiedeeisernen Tor, das sich wie von Zauberhand öffnet. Der

Schlosshof liegt verlassen da, alles ist still. Eine traurige Ruhe liegt über allem. Im Schloss lebt eine Prinzessin, die seit vielen Jahren ihr Lachen verloren hat. Traurig ist sie, nichts kann sie aufheitern.
Das weiße Reh findet den Weg zur Prinzessin. Es legt sich zu ihren Füßen nieder. Als die Prinzessin das warme, weiße Fell des Rehes berührt und streichelt, fühlt sie plötzlich eine große Freude. Ihr schönes Gesicht wird von einem Lächeln erhellt. Ihre Seele verliert den Schatten der Trauer, der auch über dem Schloss und seinen Bewohnern gelegen hat.
Ihr erstes Lächeln befreit alle von der Melancholie, die Mensch und Tier im Schloss so lange lähmte.
Das weiße Reh weiß, dass es die geweissagte Botschaft der Eule ist.
Die Weissagung der Eule hat sich erfüllt, das Reh hat seine Aufgabe gelöst. Zärtlichkeit hat die Prinzessin befreit von ihrer Melancholie.

Ruhig bist du, ruhig, gelöst und entspannt
und träumst ein wenig weiter.

Wie der Vollmond entstanden ist

Vor Urzeiten wölbte sich über dem Himmel nur die Mondsichel, es war die Mondschaukel. In besonderen Nächten schaukelten die Mondgöttin und auch die Sternenkinder auf dieser Schaukel. Hin und her, zu ihrem allergrößten Vergnügen.
Die langen Schleier der Mondgöttin hingen dann manches Mal bis zur Erde hinab. Die Menschen konnten die Schleier nicht erkennen, in ihren Augen schien das feiner Nebel zu sein. Er war so fein und filigran; sah man durch ihn hindurch, erschien die Welt ganz zauberhaft. Wie zärtliches Streicheln schien er, ging man durch ihn hindurch. So konnte man des Nachts die schönsten Träume träumen.
Eines Tages schaukelten einige Sternenkinder so heftig, dass sie von der Mondschaukel herab auf die Erde fielen. Dort zerbrachen sie in viele Stücke. Darüber herrschte am Himmel große Trauer. Sterne verloren ihr Leuchten, so sehr weinten sie. Und so wurde es auf der Erde auch in wolkenlosen Nächten dunkel. Die Mondsichel konnte nur wenig Hell beisteuern. Die Mondgöttin betrübte das, und so zog sie sich für eine Weile von allem Himmelsgeschehen zurück, um in Ruhe nachzudenken. Danach beriet sie sich mit alten, erfahrenen Sternen. Gemeinsam beschlossen sie, dass der Mond voller, runder werden müsse. Ein schöner, runder Vollmond müsse er sein. Der würde des Nachts mit seinem hellen Licht die Erde wieder erstrahlen lassen. So ward es beschlossen.
Der Mond am Himmel wurde runder und voller, bis er wie ein riesengroßer, hell erleuchteter Ballon strahlte. Die Menschen waren darüber sehr verwundert, so etwas hatten sie noch nie gesehen. Besonders Kinder lieben den Vollmond, auf dem sie des Nachts den Mann im Mond zu sehen glaubten, wie der dort seine Runden drehte und schaute, dass alles seine Ordnung hatte.

Nun träum dir den Traum ein wenig weiter.

Das Wolkennest

Als der Herbst naht, versammeln sich alle Wolkenfamilien am Himmel. Nach allgemeinem Rat werden die unterschiedlichen Himmelswege neu verteilt. Jede der Wolkenfamilien bekommt ihre Aufgabe zugewiesen. Die Wolkenfamilien unterscheiden sich in Form und Farbe. Es gibt Familien, die bestehen aus weißen, eher runden, andere aus grauen, etwas zerrupften Wolken. Es gibt alte Wolken mit großer Lebenserfahrung und junge, die auf ihren langen Wanderungen noch viel lernen müssen. Die Wolkenkinder spielen am liebsten Fangen. Dabei rennen sie, schubsen sich, und manche der kleinsten Wolken versteckt sich auch schon einmal hinter einer alten Wolkentante. Die wissen am Abend, wenn endlich etwas Ruhe am Himmel eingetreten ist, wundersame Geschichten zu erzählen. Dabei scharen sich alle anderen Wolken um sie herum. Der Wind und sein großer Bruder, der Sturm, sie hören auch ganz gerne zu, und so stören sie die erholsame Ruhe am Himmel nicht. In dieser Windstille lauschen alle den Geschichten und Märchen, und manch kleine Wolke schläft dabei auch schon einmal ein. Sie schlafen dann einen sanften Schlaf voll schöner Träume.

An einem guten Morgen wollen alle Familien auf ihre Himmelswege gehen. Sie machen sich bereit, nur eine kleine graue Wolke schert aus. Sie hat keine Lust, mit all den anderen zu fliegen, sie will ihren eigenen Weg finden. Sie ist eine rundlich-kräftige Wolke und sehr phantasiebegabt. Ihre Eigenmächtigkeit fällt in der allgemeinen Aufbruchstimmung nicht auf. Als Allerletzte startet sie, begleitet vom Wind, der den Mut der kleinen Wolke bewundert.

Die genießt die friedliche Reise und lässt sich vom Wind weitertragen.

Da der Sturm noch schläft, kann sie in aller Ruhe zur Erde schauen. Was gibt es da nicht alles zu sehen!

Als sie so ruhig dahinfliegt, spürt sie nicht den langsam erwachenden Sturm. Aufgewacht, ist der voller Tatendrang. Am Himmel und auf der Erde kann er zu seiner Freude viel Unruhe verbreiten.
Er fegt nun so kräftig, dass die kleine graue Wolke vom Himmel fällt. Sie fällt und fällt, ganz schwindlig wird ihr. Plötzlich endet ihr unfreiwilliger Flug. Etwas schmerzhaft landet sie auf einem dicken Ast eines großen, alten Baumes. Der steht schon seit Urzeiten dort und kennt die Welt und ihre Menschen.
Erstaunt sieht er seinen neuen Gast. Anders als all die anderen ist der, anders als die Gäste, die alljährlich im Frühling bei ihm eintreffen. Viele Vögel kommen müde von ihren langen Flügen bei ihm an und bauen in seinem Schutz dann ihre Nester. Jetzt ist es Herbst, und die meisten Vögel sind schon auf ihrer weiten Reise in den Süden. Die kleine graue Wolke ist erschöpft von ihrem Abenteuer und fällt in einen erholsamen Schlaf. Während sie so schläft und träumt, kommt eine schwarze Krähe und sieht auf dem Ast etwas Graues, sehr Kuscheliges. Erstaunt ist sie und glaubt, es sei ein Nest, verlassen von seinen Bewohnern und somit frei für sie. All die Zeit hat sie auf harten Ästen geschlafen, und so setzt sie sich glücklich mitten in die kleine graue Wolke. Wunderbar weich ist das vermeintliche Nest. Die Krähe fühlt sich gut in ihrem neuen Zuhause.
Als die kleine Wolke erwacht, ist sie über den neuen Bewohner über alle Maßen erstaunt. Sie hat keine Angst, denn das glänzende Gefieder des Vogels ist angenehm zart.
Die kleine Wolke und die Krähe freunden sich an, und bald haben sie ihre eigene Sprache gefunden, um sich viel zu erzählen.
Von Stund an beschließt die kleine Wolke, den Himmel für immer zu verlassen und auf der Erde zu bleiben. Zur großen Freude der Krähe. Die kommt nun jeden Abend in ihr neues Zuhause und hat viel zu erzählen. Die kleine Wolke langweilt sich nie, denn der Baum ist der Treffpunkt vieler Tiere, die sich munter unterhalten. Sie erzählen von schönen und auch trau-

rigen Erlebnissen, von guten und bösen Menschen, von Abenteuern und von Tod und Leben.
Die Mäuse in ihren Wurzelwohnungen, der Specht vom insektenreichen Baumstamm, Marder, Fuchs und Reh, Eichhörnchen und Schmetterlinge und Vögel, die die schönsten Lieder singen, sie alle haben viel erlebt, manchmal auch gelitten.
So vergeht die Zeit. Die kleine graue Wolke und die schwarze Krähe sind unzertrennliche Freunde geworden, sie sind glücklich und zufrieden bis zum Ende ihres Lebens.

Ruhig bist du, ruhig und ganz entspannt
und träumst ein wenig weiter.

Die gefangenen Träume

Es gibt den Tag und die Nacht, für den einen ist die Sonne, für die andere der Mond zuständig. Am Tag ist das Leben der Menschen mit Arbeit erfüllt, und die Nacht gehört dem erholsamen Schlaf mit seinen Träumen. Am Tag wirken manche Träume noch eine Weile nach, Träume in Hell und Dunkel. Alle Träume haben ihre Aufgaben. Sie reinigen und putzen die Seele, sie verscheuchen Überflüssiges oder Störendes. Manches Mal steigt ein Traum aus tiefster Seele auf, und bei Lichte besehen verliert er viel von seinem Schrecken.

Die meisten Menschen freuen sich auf die erholsame Nacht mit ihren schillernden Träumen. Kinder freuen sich auf die Abenteuer in der Phantasie nächtlicher Träume. Dort sind sie stark und mutig.

So verlaufen die Tage der Menschen in ruhigem Gleichmaß. Doch eines Tages beginnen sie sich zu langweilen. Sie hoffen auf Abwechslung, auf Abenteuer mit anderen Menschen, in anderen Ländern. Wie Kinder wollen sie ihre Kräfte mit anderen messen. Doch aus einem Spiel wird oft blutiger Ernst, sie wollen erobern, Macht und Gewinn sammeln. Das Gute auf der Welt muss sich verstecken, das Böse reckt sich wie ein großer Drachen. Das gefällt dem klügsten Engel im Himmel, zuständig für alles Lebende auf der Erde, gar nicht. Zur Strafe verbannt er die Träume der Menschen. Er schließt sie in riesige Krüge ein.

Die Menschen jammern. Ohne die schillernden Träume sind ihre Nächte kahl, ihr Schlaf ist unruhig, sie wälzen sich in den Betten hin und her. Am Morgen sind sie unausgeschlafen und haben schlechte Laune. Alles Überflüssige und Störende verbleibt in ihrem Inneren. Der Alltag ist so erschwert, dass sie kraftlos durch den Tag schleichen. Die Arbeit, auch auf den Äckern und Wiesen, bleibt liegen, und die Tiere wirken vernachlässigt. Das ganze Land ist müde, Neues wird nicht mehr

geschaffen. Die Menschen sind so schwach, dass sie aufhören, sich zu bekriegen.
Eine merkwürdige Ruhe liegt über dem Land, alles Lebendige scheint vergessen. Die Menschen sehnen sich nach dem früheren Gleichmaß ihrer Tage zurück. Als auch die Kinder ihre kreative Phantasie, ihre Spontanität verloren haben, da sehen die Menschen, was mit ihnen geschehen ist. Sie beginnen, sich wieder auf sich und ihren Nächsten zu besinnen. Sie verbleiben in ihrer eigenen Welt.
Der Engel sieht, dass die Menschen sich ein Leben ohne Feindschaft wünschen, dass Siegen auf Kosten von Verlierern keinen Segen bringt. Da hat er ein Einsehen. Er öffnet die großen Krüge, und befreit fliegen die gefangenen Träume in alle Himmelsrichtungen.
In der folgenden Nacht geschieht Seltsames. Der Nachtschlaf der Menschen ist wieder erfüllt von bunten und erholsamen Träumen. Am Morgen wachen sie ausgeschlafen und gut gelaunt auf und freuen sich auf den neuen Tag.

Du bist ruhig und entspannt, du fühlst dich wohl
und träumst ein wenig weiter.

Ein Weihnachtspäckchen

Der Winter hat seinen Einzug gehalten, begleitet vom Singen des Windes und vom Klirren des Eises.
Die Welt scheint verborgen, geborgen und geschützt unter der Decke aus Schnee. Alles Laute ist verstummt, Stimmen werden leiser.
Auf einer versteckten Lichtung im Winterweiß des Waldes steht eine Tanne, alt und hoch gewachsen. Ihre schneebedeckten Äste hängen tief herab, berühren fast die Erde.
Es scheint, als hätten sich Abertausende kleiner Sterne im Geäst verfangen, glitzernde Schneekristalle in den schönsten Formen.
Auf der Tannenspitze strahlt ein Stern in seinem Traum.
Am tiefsten Ast schaukelt im Wind ein kleines Päckchen, bunt verpackt und goldverschnürt.
Im Päckchen findet sich ein Zettel. Geschrieben steht in alter Schrift: »Du darfst dir etwas wünschen, doch nichts, was mit Gold oder Geld zu kaufen ist. Ein Wunsch vielleicht, der tief verborgen in dir ruht.«
Du siehst dir den Wunsch an, von allen Seiten. Schau hin, warum er nicht in Erfüllung ging.
Du fühlst, der Wunsch wird in Erfüllung gehen.
Zweifel, Angst und Hoffnungslosigkeit sind zu überwinden, wenn du daran glaubst, an deine Kraft und Stärke.
Kein Hindernis steht dann im Weg.
So wirst du deiner Wünsche Zauberfee.

Entspannt und ruhig bist du
und träumst ein wenig weiter.

Das Land Imunai

In einem Land, wir nennen es Imunai, lebte ein Volk hoch im Norden der Welt. Es lebte am Meer, zufrieden und glücklich.
Jeden Morgen stieg die Sonne auf und erfüllte alles mit Leben. Licht und Wärme spendete sie und eine Welt voller Farben.
Menschen wurden geboren, lebten ihr Leben, vertrauten den guten Mächten und gingen nach vielen Jahren in die ewigen Jagdgründe zurück. Die Alten und auch die Ahnen wurden geehrt, die Jungen behütet und beschützt. Das Volk hatte genug zum Leben, niemand musste hungern oder darben. Sie hatten keine Feinde, nirgendwo. Zur eignen Freude schnitzten sie die schönsten Dinge aus dem Horn der Tiere.
Eines Tages wurde ein Kind geboren, und es war anders als alle anderen. Es spielte für sich allein, sprach vergnügt vor sich hin, doch auch mit Tieren und Pflanzen. Es schien deren Sprache zu verstehen.
Eines Tages fing das Kind die Sonne ein, an einem Band in seiner Hand. So lief es am Morgen mit der Sonne am Band am Meer entlang. Am Mittag gab das Kind die Sonne frei, und sie stieg nach oben, zum Himmel, um am Abend hinter dem Meer erschöpft zu versinken.
Jeden Tag wiederholte sich das gleiche Spiel. Doch die Sonne wurde von Tag zu Tag müder. Gefangen am Band, mit dem Kind am Meer zu laufen, schwächte ihre Kraft. Eines Mittags konnte sie sich nicht mehr hoch zum Himmel erheben. Der Tag verlor das Helle und die Wärme. Es wurde kalt. Die Menschen, Tiere und Pflanzen vermissten Licht und Wärme. Alle Farben gingen verloren. Kahl und grau wirkte alles, Kälte kroch über das Land.
Eines Tages begann es zu schneien. Es schneite ohne Unterlass. Das ganze Land war bedeckt mit Schnee und Eis. Das Meer

war viele Monde zugefroren. Die Menschen konnten sich kaum noch an Licht und Sonne, Wärme und Farben erinnern.
Da kam die Phantasie den Menschen zur Hilfe. Sie bauten Hütten aus Schnee und Eis, kugelrund und mollig warm. Aus dem Fell der Bären nähten sie sich ihre Kleidung, die war warm und hielt dem größten Sturm gut stand.
Mit Farben aus Moos, aus Beeren und Blättern und zerriebenen Steinen malten sie die schönsten Muster auf die Kleider. Sie bauten Schlitten aus Holz. Sie lehrten ihre Hunde die Schlitten zu ziehen über die unendliche Weite der Schneelandschaft. Sie hackten Löcher in das Eis und fingen Fische. Über offenen Feuern am Strand brieten sie Fische oder trockneten sie für magere Zeiten. Aus dem Fett gefangener Wale bereiteten sie Öl, das auch als Licht für Lampen die langen, dunklen Nächte erhellte.
Die Menschen sammelten im Sommer Beeren, Moos und Blätter. Aus biegsamen Ästen bauten sie sich Schneegleiter, mit denen sie auf die Jagd nach großen Tieren gingen. Sie wussten, dass ihr Feuer nie ausgehen durfte. Es brannte Tag und Nacht.
Sie lebten im Einklang mit der Natur und allen Jahreszeiten. Sie fanden sich mit sonnenlosen Tagen ab.
Darüber war die Sonne sehr erstaunt, und sie beschloss, all ihre Kräfte zu sammeln und wieder über dem Land Imunai zu scheinen. Dort wurde es an vielen Monden wieder hell.

Ruhig bist du und entspannt
und träumst ein wenig weiter.

Der Apfelbaum

Eines schönen Tages pflanzt ein Mensch einen Apfelbaum. Der Baum beginnt sich in der Erde zu verwurzeln. Bald gedeiht er auf das prächtigste, steht voller Blüten, und zur rechten Zeit trägt er die schönsten Früchte. Äpfel voller Saft und Süße.
Der Baum hat einen schönen Wuchs, gerade ist sein Stamm, und seine Äste recken sich dem Himmel weit entgegen. Der Baum übersteht so manchen Sturm, auch Regen, Hagel, Blitz und Donner. Er übersteht auch Schnee und Eis. Jedes Jahr, und immer wieder, erblüht er und trägt reife Früchte.
Nach einigen Jahren ist der Mensch nicht mehr zufrieden. Er wünscht sich von seinem Baum lieber Kirschen und keine Äpfel.
Mürrisch betrachtet er seinen Apfelbaum.
Der Baum fühlt des Menschen Unzufriedenheit, sein Murren.
Er ist bemüht um eine neue Form, um andere Früchte. Doch so sehr er sich auch bemüht, er bleibt, was er ist, ein Apfelbaum.
Der Mensch beginnt seinen Baum zu missachten. Vernachlässigt fühlt sich der Baum, es kränkt ihn sehr. Bald kränkelt er und welkt dahin. Plötzlich erkennt der Mensch den Schmerz des Baumes. Er sieht ihn nun mit mehr als nur seinem Auge. Und wie es im Buch der Bücher heißt: Er erkennt den Baum, das heißt, er kann ihn nun mit seinem Herzen sehen und auch lieben.
Der Mensch erkennt den Baum als seinen Apfelbaum.
Nach einer Weile erblüht er wieder und trägt reiche Frucht. Er wächst und gedeiht, auch zur Freude des Menschen, aufs allerschönste.

Ruhig, gelöst und ganz entspannt
träumst du ein wenig weiter.

Die Eule

In einer Zeit, als Märchen noch wahr wurden, lebte im Wald, nahe eines Dorfes, eine uralte Eule. Sie war sehr klug und weise. Seit Urgedenken weissagte sie den Menschen. Leid und Sorgen sagte sie voraus, und alles, was sie sagte, geschah. Mit der Zeit wollten die Menschen davon nichts mehr hören. Als die Eule aber ihren Schnabel ungefragt öffnete und Unheil ankündigte, schlossen die Menschen sie in eine Baumhöhle. Durch eine kleine Öffnung wurde die Eule von den Vögeln des Waldes gefüttert, und sie erzählten auch, was im Land so alles geschah. Die Eule hatte sich ihrem Schicksal ergeben und lebte friedlich in ihrer Baumhöhle.

Die Menschen lebten nun weiter ohne das Wissen um ihre Zukunft. So lebten sie im Ungewissen und verbargen alle Ängste vor dem Schicksal. Traf sie ein schwerer Schicksalsschlag, erschreckte sie das so sehr, dass sie die Kräfte zum Leben verließen. Bald hatte jeder im Dorf Leid erlebt und sich in Trauer darüber verloren. Das Dorf glich nach einiger Zeit einem Gespensterdorf. Keine Freude vergoldete den Alltag, alles schien grau in grau.

Nun begab es sich, dass ein großer Vogel mit seinem scharfen Schnabel beim Füttern der Eule die verschlossene Höhle öffnete. Die Eule erkannte die Gunst der Stunde. In der Nacht, der Mond schlief noch, verließ sie ihr Gefängnis und flog davon. Als die Menschen sahen, dass die weise Eule nicht mehr in ihrer Nähe lebte, wurden sie traurig und wünschten sich die Eule wieder zurück. Ein Kind fand sie eines Abends schlafend in einem Baum sitzen. Ihre Augen funkelten im Licht der Sterne. Das Kind rief die Dorfbewohner zusammen. Sie begaben sich alle zu dem Baum und flehten die Eule an, wieder zu ihnen zurückzukommen. Sie würde nie mehr in die Höhle eingesperrt werden. Frei solle sie leben. Die Eule kam zurück, und vom nächsten Tag an weissagte sie wieder. Und siehe da, es geschah ein Wunder. Die Eule weissagte nur noch Glück und Freude voraus. Das Dorf und seine Menschen blühten auf. Über allem lag ein goldener Schimmer und Glanz. Sie hatten wieder Freude und Kraft zum Leben.

Du bist gelöst und ganz entspannt
und träumst ein wenig weiter.

Danke

Gott, ich verstehe Dich oft nicht. Es fällt mir nicht leicht, Deine Entscheidungen anzunehmen. Aber ich beuge mich Deinem Willen und vertraue Dir weiterhin. Ich lerne loszulassen, lasse meinen Schmerz, meine Ängste und auch meinen Zorn. Ich lasse sie nicht zu Mauern werden, hinter denen mein Herz und meine Seele verdorren würden. Gott, ich danke Dir für all deine Geschenke; ein gutes Leben, liebe Freunde und geliebte Menschen. Für die Chance, viel zu lernen und manches auch weiterzugeben.

Es kamen in mein Leben Menschen, die das Leben von Grund auf veränderten und Wirbelstürme entfachten. Mal saß ich auf der Schaukel ganz oben und fiel dann im freien Fall nach unten.

Das Leben war dann nicht leichter, doch sehr lehrreich. Ich konnte viel lernen, vor allem auch über mich.

Manche dieser Menschen sind ohne Abschied aus meinem Leben gegangen. Sie haben ein neues Haus bezogen, ein neues Leben begonnen.

Doch es blieb kein Zorn zurück, die Trauer konnte heilen.

Erinnerungen in Hell und Dunkel, sie bleiben im Album des Lebens festgeschrieben. Erinnerung an duftende Haut, an eine verzaubernde Stimme, an das, was ich für große Liebe hielt.

Erinnerung ist der Ort, den ich überall und jederzeit besuchen kann, ein Ort, befreit von der Banalität eines Alltags.

Danke, Gott, für die Gewissheit, dass Liebe so unsterblich ist wie die menschliche Seele.

Entspannt und ruhig bist du
und träumst ein wenig weiter.

Der Eistropfen

Der Winter ist nach einer langen Reise mit seinem Gefolge eingetroffen. Sturm, Schnee und Eisregen halten sich bereit. Die Natur hat sich zur Winterruhe begeben und wartet auf ihr Aufwachen im Frühling.
Kahle Bäume scheinen wie Scherenschnitte gegen den eisblauen Himmel. Die ersten Fröste überziehen das Land mit Abermillionen Eiskristallen. Bäume, Gräser, aber auch die Dächer der Häuser schimmern und glitzern in der Morgensonne.
Die Äste eines großen Busches sind mit den Eiskristallen überzogen. Es scheint sein Winterkleid zu sein. Die Morgensonne lässt das Eis langsam schmelzen, nun hängen ungezählte kleine gefrorene Wassertropfen an allen Ästen. Der Busch gleicht einem Diamantenbäumchen, so glitzern die Tropfen an ihm. Wandert die Wintersonne am Himmel langsam höher, nimmt ihre Kraft zu, und die Eistropfen verwandeln sich wieder zu Wassertropfen. Die fallen zu Boden und zerplatzen.
Jeden Morgen beginnt das gleiche Spiel. Die Eistropfen schmelzen und fallen zu Boden. Nichts bleibt mehr von ihrer Pracht übrig als winzige Wasserflecken auf dem gefrorenen Boden.
Einer der unzähligen Eistropfen will nicht mehr als Wassertropfen, geschmolzen in der Morgensonne, zur Erde fallen und damit nicht mehr existieren. Er bittet des Nachts die Phantasie um Hilfe.
Als am nächsten Morgen in der Sonne alles zu tauen beginnt, hält sich unser Eistropfen an seinem Ast ganz fest. Er schließt die Augen vor dem gefürchteten Unheil. Doch etwas geschieht. Er öffnet die Augen und sieht, wie eine diebische Elster ihn in ihren Schnabel nimmt und vorsichtig davonträgt. Sie hält den in der Sonne schimmernden Eistropfen für einen Diamanten, einen kostbaren Edelstein. Den will sie zu ihren anderen Schätzen in ihr Nest bringen.

Auf dem Weg dorthin begegnet ihnen ein kleines Mädchen. Einfach gekleidet, scheint es aus armen Verhältnissen zu kommen. Da öffnet die Elster ihr verschlossenes Herz. Sie legt den vermeintlichen Diamanten zu ihren Füßen. Das Mädchen sieht den schimmernden Eistropfen und glaubt einen kostbaren Edelstein in den Händen zu halten. Sie will ihn ihren Eltern schenken. Auf dem Weg dorthin begegnet ihr der Gendarm des Ortes. Er sieht den glitzernden Eiskristall, den er für einen gestohlenen Edelstein aus der Schatzkammer des Fürsten hält. Das Mädchen muss ihn zum Richter begleiten. Der bezichtigt das Mädchen des Diebstahls, denn er glaubt die Geschichte mit der Elster nicht. Unter den Augen des hinzugezogenen Fürsten soll es bestraft werden. Als dem unglücklichen Mädchen die Tränen über die Wangen rinnen, schmilzt der Eistropfen, den alle für einen Diamanten halten, und er fällt zu den Tränen auf den Boden.
Nun ist jeder Beweis eines vermeintlichen Diebstahls verschwunden, und das Mädchen ist von dem Verdacht erlöst.
Der Fürst ist von der märchenhaften Geschichte gerührt. Er nimmt das Mädchen mit auf sein Schloss. Dort ernennt er es zur Hüterin der Schatzkammer. Das Mädchen und seine Familie sind froh. Der wunderschöne Vogel, den man eine diebische Elster nennt, wird zu ihrem Lieblingsvogel. Der kommt sie nun jeden Winter besuchen, und mit lautem Gekrächze, das die Elster für wohllautend hält, begrüßt sie das Mädchen. Das trägt nun schwarze und weiße Kleider, ähnlich der Elster mit ihrem schönen Gefieder, in Schwarz und Weiß.
Wer weiß, vielleicht hat die Phantasie, die große Zauberin, die Elster als Glücksfee für das Mädchen auserwählt?

Du bist ruhig, gelöst, entspannt und fühlst dich wohl und träumst ein wenig weiter.

Sandstrand

Du läufst mit bloßen Füßen auf dem warmen Sand eines weiten Strandes. Palmen und exotische Blumen und Büsche umsäumen ihn.
Die Sonne scheint aufs angenehmste, ein sanfter Wind kühlt deine Stirn. Vor dir liegt das Meer in einem Blau, das die Seele ruhig macht. Du siehst die unendliche Weite dieses Meeres, die Weite fühlst du auch in dir.
Das Licht der Sonne lässt das Meer schimmern und funkeln.
Das Rauschen des Meeres ist wie Musik von Urlaub, Ferien.
Sogar das Salz des Meeres schmeckst du auf deinen Lippen.
Nach langem Laufen legst du dich in den Schatten einer Palme, in den weichen, warmen Sand, der deine Haut sanft streichelt.
Die Hände und Füße spielen mit dem Sand, fühlen seine Wärme. Du bist ruhig und entspannt, du fühlst dich wohl.
Plötzlich schwirrt ein blauschimmernder Vogel durch die Luft.
Er umkreist die Palme und setzt sich dann auf deine Hand.
Es geht ein Zauber von ihm aus, denn du hörst seine Stimme, die sagt: »Ich bin ein Zaubervogel aus einer uralten Zeit und erfülle Träume und Wünsche. Träum dir einen Wunsch, und träum dann den Traum dir weiter.«

Ruhig, entspannt, gelöst bist du
und träumst ein wenig weiter.

Der eitle Pfau

Im fernen Morgenland lag der Palast eines Kalifen. Die goldenen Kuppeln der Türme leuchteten in der Sonne, die bunten Fenster funkelten wie Edelsteine. Der Palast lag an einem Fluss. Er war umgeben von einem prächtigen Garten, war das Abbild eines Paradiesgartens. Eine Fontäne stieg aus dem marmornen Brunnen hoch, funkelte im Sonnenlicht und fiel mit einem Seufzer wieder in sich zusammen. Ein Pfau spazierte mit gespreiztem Gefieder durch den Garten, und eitel, wie er war, betrachtete er sich immer wieder im Brunnen und fand, dass er der Schönste im ganzen Land war. Er hatte keine Augen für andere. Immer wieder stellte er seine langen, blauschimmernden Schwanzfedern zu einem Rad auf. Eitel, aber glücklich, drehte und wendete er sich in der Bewunderung der anderen im Kreis. Ein Tiger lief unruhig im Garten auf und ab. Er träumte vom Glück einer Freiheit, die er schon verloren hatte.

Eines Tages trafen sich hoch über allem zwei verfeindete Winde. Sie stießen in der Luft aufeinander zu und entfachten solch einen Sturm, dass der Fluss im Palastgarten über seine Ufer trat. Auf seinem stürmischen Weg riss er alles mit sich. Er stürzte über den Brunnen, über Wege und Blumen.

Der Garten glich bald einem großen See.

Der Tiger rettete sich in den Palast, die Vögel erhoben sich in die Lüfte. Alle Tiere im Palastgarten konnten sich retten, einzig der Pfau blieb zurück. Wie eine blaue Blume stand er inmitten des Wassers des neuen Sees. Wie in einem riesigen Spiegel konnte sich der Pfau an seinem Anblick nicht sattsehen. So versunken war er, dass er das stetige Steigen des Wassers nicht bemerkte. Das Wasser riss ihn in die Tiefe und trieb ihn weiter, immer weiter, bis der Fluss im Meer landete. Dem Pfau schwanden alle Sinne. Am Grunde des Meeres angekommen, weckte ihn ein feines Klingen.

Es waren Glasharfen, die zum Palast des Meereskönigs gehörten.
Der erwachte Pfau wurde von den Palastfischen zu ihm geführt. Der Meereskönig sprach mit strenger Stimme zum eitlen Pfau; dieser sei so eitel und überheblich gewesen, hätte nur sich selbst geliebt, kein Mitgefühl für andere gezeigt, dass er eine Strafe wohl verdient hätte. Der Meereskönig verwandelte den Pfau in einen bunten Fisch. Dessen Farben leuchteten so sehr, dass Raubfische ihn als begehrliches Ziel fanden. Oft kam er in Lebensgefahr. Er bat die anderen Fische um Hilfe und versprach, auch ihnen in Gefahr beizustehen. Die Fische nahmen sich seiner mitleidig an. Wann immer sich ein Raubfisch dem verwandelten Pfau näherte, bildeten ungezählte Fische einen Ring um ihn. Der Raubfisch gab dann auf und schwamm mit heftigem Flossenwedeln davon. Das sprach sich im Meer bald herum. Kein Raubfisch machte mehr Jagd auf den bunten Fisch. Der hielt sein Versprechen und setzte sich, wann und wo immer, für andere ein. Bald wurde er zum Freund aller Meeresbewohner.
Da befahl ihn eines Tages der Meereskönig in seinen Palast. Er lobte ihn vor allen anderen und erhob ihn in seine Palastwache. Der bunte Fisch, der einmal ein eitler Pfau war, wurde zur Zierde des Meerespalasts und lebte glücklich bis an sein Ende.

Ruhig, entspannt, gelöst bist du. Du fühlst dich wohl und träumst die schönsten Träume.

Ohne Punkt

Als der Morgen anbrach, sich die Schatten der Nacht ohne Klagen auflösten, die quälenden Träume zu flüchten versuchten, schob sich die Sonne über Dächer, die in mattem Silber glänzten, bald zu leuchten begannen in hellem Gold, in dem sich die ersten Strahlen der Sonne verströmten und die Nacht unwiderruflich hinter den Mond verbannten, den Tag auf Pegasus' Rücken banden und des Tages Stunden auszuhalten der Seele Kräfte raubten, die aus unerschöpflichen Quellen tropften, nicht mehr fließen mochten, um sich am Ende des Meeres der ungeweinten Tränen einen Weg durch Schmerz und Schönheit zu suchen, um erlöst und ungestüm dem neuen Tag entgegenzustürzen.

Die Ruhe kann strömen, durch Körper, Geist und Seele,
die, angeregt und auch entspannt, sich auf Neues richten.

Die Sonnenblume

Der Himmel ist dunkel, nur die ungezählten Sterne leuchten. Ein silberfarbener Mond in seinem vollen Rund schwimmt durch das Dunkel der Nacht. Durch seine Hilfe verliert der Himmel sein bedrohliches Schwarz. Auch die Sterne helfen ihm dabei und geben sich alle Mühe, hell zu scheinen, den Kindern auf der Erde zur großen Freude. Die Milchstraße am Himmel, mit ihren Abermillionen Sternen und Sternchen, zeigt wie eine Lichtstraße den Kometen ihren Weg. Die jagen mit großem Getöse vorüber. Auf der Erde sehen die Menschen angerührt ihrem Flug nach, bis sie am Ende hell verglühen.

Es ist ein reges Leben dort oben am Himmel.

Langsam verabschiedet sich der Mond, und auch die Sterne scheinen nicht mehr so hell.

Die Nacht geht zur Ruhe, ein neuer Tag beginnt.

Wie ein riesiger Feuerball bahnt sich die Sonne ihren Weg. Ihr Licht verspricht Wärme und volles Leben. Mit Freude begrüßen auf der Erde die Menschen die Sonne. Ihr Licht verscheucht Furcht und Angst.

Die langen Strahlen der Sonne fallen über das ganze Land. Pflanzen und Tiere recken und strecken sich der Sonne, ihrem Licht und ihrer Wärme sehnsuchtsvoll entgegen.

Alles auf der Erde wirkt froh gestimmt. Ein Hauch von Glück liegt in der Luft.

Und so geht es Tag für Tag, Jahr für Jahr, Jahrhundert und Jahrtausend. Doch eines Tages wird die Ordnung am Himmel gestört. Einer der vielen Sonnenstrahlen ist unzufrieden. Er hat es satt, jeden Tag den gleichen Weg zu nehmen, die gleiche Aufgabe zu erfüllen.

Er möchte für immer auf der Erde bleiben. Seinen Wunsch und seine Klage bringt er vor die Sonne. Geduldig hört sie sich die Klagen an und hat ein Herz für ihn.

Der Sonnenstrahl muss versprechen, den Menschen auf der Erde eine Freude zu schenken. Er verspricht es und legt sich zur Nacht noch einmal zum Schlafen. Dort bewegt ihn ein wundersamer Traum.
Am nächsten Morgen lässt er sich von den anderen Sonnenstrahlen zur Erde geleiten. Sein Traum beginnt sich zu verwirklichen.
Auf einer Sommerwiese wächst plötzlich eine Blume, eine Blume mit wunderschönen sonnengelben Blütenblättern. Es ist eine Sonnenblume, die dort zum ersten Mal wie eine kleine leuchtende Sonne den Menschen zur Freude blüht und gedeiht.
Mit jedem Jahr werden es mehr und mehr kleine Sonnen, bis sie in vielen Ländern blühen. Im Zentrum des sonnengelben Blütenkranzes birgt ihre braune Mitte einen kleinen Schatz für Mensch und Tier. Kleinen Nüssen ähnlich, reifen in der Sonne die Kerne der Blume. Bienen suchen den Blütentau, und Vögel sammeln die Sonnenblumenkerne, die nicht nur Vogelkinder lieben.
Und so hat die Sonnenblume, die einstmal ein Sonnenstrahl war, ihr Versprechen, das sie der Sonne gab, für immer gehalten.

Du bist ruhig und gelöst
und träumst den Traum dir weiter.

Im Museum

Stell dir vor, du bist in einem Museum.
Es ist ein Haus für Gemälde, Bilder aus vielen Jahrhunderten.
In einem großen, hellen Raum sitzt du und genießt die Ruhe.
Der Raum ist voller Landschaftsgemälde, hell und dunkel, verschieden all die Farben.
Ruhig ist es dort, ein Ort der Stille, Betrachtung und Besinnung.
Du gehst durch den Raum, lässt die Gemälde auf dich wirken, siehst die schönsten Farben und Formen, Pflanzen, Blumen und vieles mehr. Such dir ein Bild, das dir besonders gefällt.
Du schaust es dir an, siehst vieles, das dir gefällt, du siehst mit mehr als nur den Augen.
Auf einmal geschieht Wundersames. Du bist mitten im Bild.
Mitten in der Landschaft bist du, nimmst sie mit allen Sinnen wahr. Du spazierst durch dein Bild, inmitten einer Landschaft, wie in der Wirklichkeit.
Du kannst die Blumen riechen, hörst Vögel singen, vielleicht schmeckst du eine reife Frucht. Ihr Saft rinnt süß die Kehle hinab.
Deine Hände können alles berühren, tasten, fühlen. Vielleicht die Rinde eines Baumes, ist sie glatt oder rau?
Du nimmst ein Blatt in deine Hand, riechst daran, kannst es fühlen. Du bist im Bild mit allen deinen Sinnen.
Die Ruhe dort, sie fühlst auch du.
Du genießt das alles wie in der Wirklichkeit.

Du bist ruhig, gelöst und ganz entspannt.
Du genießt die Schönheit um dich herum
und träumst ein wenig weiter.

Die Verwandlung

Tief in einem Forst, alt an Geschichte und Jahren, leben Elfen, diese Wesen, um die sich ungezählte Mythen und Märchen ranken.
Von blühenden Büschen und dichten Tannen umgeben, liegt die Wiese wie ein grünes Auge des Pan. Es ist die Wiese der Elfen.
Des Nachts, wenn das Dunkel schützend über allem liegt, tanzen die Elfen ihren Reigen. Rehe verlassen ihr Versteck, auch Fuchs, Marder und Maus schauen dem Reigen zu.
So leben die Elfen lange Zeit glücklich und zufrieden.
Nur ein Gebot gilt: Sie dürfen die Wiese und den Wald nicht verlassen. Nie sollen sie die Welt der Menschen betreten, sonst wird aller Zauber verfliegen.
Eines Nachts, der Vollmond scheint vergnügt über der Spitze der höchsten Tanne zu schaukeln, da verlässt eine der Elfen die Wiese und bald darauf den schützenden Wald. Von den Vögeln hat sie so manches gehört. Denn die Vögel leben in beiden Welten.
Die Elfe läuft über Felder und Wiesen und steht bald am Rand eines Dorfes. Sie steht und staunt. Haus und Hof, Pferd und Wagen, alles ist ihr fremd. Plötzlich bellt ein Hund, er wittert einen fremden Geruch. Er reißt sich von seiner Kette los und rennt auf die Elfe zu. Die erschrickt und versucht zu fliehen. Zurück in den Forst, den sie doch so liebt. Nur mit Not kommt sie voran. Fast hat sie den schützenden Forst erreicht, da fasst sie der Hund und beißt in ihr Bein. Mit allerletzter Kraft rettet sie sich in den Forst. Der Hund verharrt wie angewurzelt vor dem Forst. Er kann ihn nicht betreten, zu fremd sind ihm Gerüche und Geräusche.
Als die Elfe zur Wiese kommt, wird sie schon mit Sorge erwartet. Eine Eule hat von der Flucht erzählt, und das Gebell des Hundes hat nichts Gutes verheißen.

Die Elfenkönigin ist ungehalten. Die Elfe hat das Gebot missachtet. Durch ihre Flucht wurden alle Elfen gefährdet. Die Königin verhängt eine harte Strafe. Die Elfe soll ihre Beine nicht mehr benutzen, sie wird in eine Libelle verwandelt. Eine Libelle mit wunderschönen Flügeln, die wie feinstes buntes Glas schimmern.

Von nun an fliegt die verwandelte Elfe als Libelle von Wasser zu Wasser, von Teich zu Teich, von See zu See und von Fluss zu Fluss.

Sie sieht von der Welt so vieles.

Und wenn sie so durch die Lüfte fliegt, sieht es aus wie einstmals der Tanz der Elfen.

Ruhig, entspannt bist du. Du fühlst dich wohl
und träumst ein wenig weiter.

Wandlung

Inmitten einer weiten Landschaft voller Farben steht ein Baum wie ein Monolith.
Der Herbst ist gekommen. In milder Sonne lässt er die Farben leuchten. Ein leichter Wind weht durch die Äste. Wie bunte Schmetterlinge flattern die Blätter. Vom Wind erfasst, segeln sie federleicht zur Erde. Einem bunten Teppich gleich, liegen sie unter dem Baum. Seine kahlen Äste stehen wie Scherenschnitte vor dem Blau des Himmels, filigran und sehr zerbrechlich. Ein Künstlerbild, wie in zarten Pinselstrichen mit Tusche dort gemalt.
Die ersten Schneeflocken fallen lautlos durch dicke, graue Wolken. Auf den dunklen Ästen bleiben sie liegen, bedecken die Erde wie ein weißes Leinentuch.
In der Sonne funkeln die Eiskristalle, keines gleicht dem anderen. Sie glitzern wie Edelsteine einer Winterfee.
Der einstmals bunte Herbstbaum hat sich in einen Wintermärchenbaum verwandelt.

Träum dir den Traum ein wenig weiter.

Die unzufriedene Glocke

Die Dorfkirche hockt wie eine dicke, zufriedene Henne inmitten alter Fachwerkhäuser. Sie ist für die Menschen im Dorf nicht wegzudenken. Sie gehört zu ihrem Leben wie ihre eigene Haustür.
Im Glockenturm hängen seit Jahrhunderten die Glocken, unterschiedlich in Form und Klang. Zu jeder Viertelstunde des Tages läuten sie harmonisch im Chor. Eines Tages ist ein Misston im Glockengeläut zu hören. Erstaunt blicken die Menschen hoch zum Kirchturm. Der Pfarrer eilt die vielen engen Stufen des Turmes hoch. Doch er findet keinen Grund für den falschen Klang.
In einer Nacht des vollen Mondes können die Glocken, für alle anderen Wesen unhörbar, sich miteinander unterhalten. Die Glocken merken bald, wer von ihnen so misslich klingt. Eine Glocke, von mittlerer Größe, zeigt ihr Unbehagen, indem sie leise scheppert. Sie wolle nicht mehr in der Dorfkirche bleiben, sie wolle hinaus in die weite Welt. Die anderen Glocken hören das erstaunt, sie sind mit ihrer Aufgabe an diesem Ort in der alten Dorfkirche zufrieden.
An diesem Abend scheint der volle Mond silbern in den Glockenturm. Er hat alles mitangehört und lädt den Klang der unzufriedenen Glocke ein, sich auf seine Mondstrahlen zu setzen und mit ihm auf die Reise zu gehen.
Die Glocke, nun ohne ihren Klang, zieht sich ganz in sich zurück und schweigt für alle Zeiten.
Der Klang auf den Mondstrahlen fühlt sich befreit, frei und froh besieht er sich die Welt im Fluge.
Was sieht er nicht alles! Andere Länder, Städte, Flüsse, Berge und Meere. Sie fliegen über fremde Kontinente, über Wüsten und Savannen. Auf einem sehr alten Kontinent setzt der Mond den Klang in einer alten Schlosskirche ab und verabschiedet sich sehr freundlich.

Der Glocken-Klang sitzt nun zwischen lauter fremden Glocken, die erstaunt den Fremdling betrachten. Gutmütig nehmen sie ihn in ihrer Mitte auf.
Als der nächste Morgen im Sonnenlicht erwacht, ist es Zeit für das Morgengeläut. Voller Freude fügt sich der Glocken-Klang in den Chor mit ein. Stolz ist er auf seinen eigenen, unverwechselbaren Klang.
Die Menschen halten in all ihrem Tun inne, voller Erstaunen hören sie den neuen Klang. Versunken lauschen alle dem Morgengeläut.
Der Fürst des Schlosses vernimmt aus seiner Schlosskirche den ungewöhnlichen Klang. Er ist ganz berührt und fühlt sich wohl und glücklich.
Der Klang vertreibt die Melancholie, die lange sein Herz gefangen hielt.
Bald muss er zu einer großen Reise durch das Land aufbrechen. Doch den Klang will er nicht missen. So nimmt er ihn mit auf die Reise.
Überglücklich ist der Klang, denn nun wird sein Wunsch erfüllt. Mit dem Fürst reist er durch das Land und bald durch die ganze Welt, vom Abendland ins Morgenland. Doch das ist eine ganz andere Geschichte.

Ruhig bist du und ganz entspannt
und träumst den Traum dir weiter.

Die Liebe

Im schönsten Palast des Himmels sitzt die Liebe, gefesselt an goldenen Ketten.
Auf der Erde leben die Menschen und spüren ihr Fehlen kaum. Kälte in vielen Herzen lässt die Welt erstarren. Ohne Glanz geht so manches Leben dann zu Ende. Liegt frierend in der Erde, wartet auf Licht, Verwandlung und Erlösung.
Einzig Kinder bewahren Liebe in ihren Herzen. Sie wissen ohne Worte um ihren Zauber, ihre Poesie und Wärme. Doch die Strahlen ihrer Liebe erreichen nicht immer ihr Ziel, enden oft im Eis des Alltags, versinken in allen Tiefen der Sehnsucht. Dort warten sie auf Rückkehr in das Leben, warten auf Befreiung von Eis und Raureif.
Einst, vor mehr als tausend Jahren, versuchte schon einmal ein Kind, die Liebe zu befreien. Es allein hatte den Schlüssel dazu in seiner Hand. Doch die Menschen schlugen ihn aus seinen Händen und ihn selbst an das Kreuz.
So wartet die Liebe, gefesselt an goldenen Ketten, noch immer bis zum heutigen Tag.

Ruhig bist du, ruhig, entspannt und ganz gelöst
und träumst ein wenig weiter.

Der Zauber der Farben

Es ist ein Ort ohne Farben, grau und düster. Auch die Menschen sind vom Grau der Melancholie erfüllt, verdüstert ist ihr Gemüt, ohne Freude und Fröhlichkeit.
Eine weise Frau kann das nicht mehr ertragen, sie will es ändern.
In einer mondhellen Nacht geht sie zu einem Forst, der in früherer Zeit als heilig galt. Dort steht eine uralte Eiche, die viele gute und auch schlechte Zeiten erlebt hat, Kriege und auch Frieden. Ihre Eicheln sind bei den Waldtieren sehr beliebt, und auch die Menschen nutzen sie.
So setzt sich die weise Frau unter das breite Blätterdach. An den knorrigen Stamm gelehnt, schließt sie die Augen. In tiefer Versunkenheit lässt sie ihre Gedanken frei und lauscht, was ihr die Phantasie, die große Zauberin, zu sagen hat. Die rät, zu einem Berg zu gehen, der über dem Ort hoch oben thront. Dort solle sie tief graben, bis sie etwas finden wird.
Die weise Frau erwacht aus ihrem Traum und geht eines Tages zu dem Berg. Tief gräbt sie, immer tiefer, bis sie auf etwas Hartes stößt. Sie gräbt es aus, es ist ein kugeliges Ding, ein runder, verschlossener Stein von seltsamer Form und Beschaffenheit. Die Frau bricht die Steinkugel auf, es ist eine Druse, innen voller farbiger Kristalle. Die erste ist von wunderschönem Blau und Lila, es sind Amethyste, Edelsteine. Andere Drusen findet sie, bricht sie auf und findet eine innen rot, rot wie ein Rubin, der kostbarste Edelstein. Eine andere ist goldgelb, es ist ein Topas. Und wieder eine andere Druse ist innen von wunderschönem Grün, wie ein Smaragd, der viele Königskronen schmückt. Es ist ein großer Schatz, der aus der Erde geborgen ist. Nie wird sie ihn verkaufen. Sie weiß, dass es die Farben sind, die ihren grauen Ort verwandeln können.
Die weise Frau schaut all die Farben an, mit aller Kraft des Geis-

tes. Als sie zurück in ihren Ort geht, sieht sie schon von Weitem, dass sich etwas verändert hat. Viele Menschen stehen vor ihren Häusern, erstaunt, berührt.
Alles strahlt in schönsten Farben. Es ist wie ein Zauber, der über allem liegt. Verwandelt hat sich vieles, und auch die Düsternis ist aus ihren Herzen geflohen.
Fröhlichkeit und Freude verbreitet sich im ganzen Ort und macht das Leben hell und heiter.

Träume ein wenig weiter – du bist ruhig und ganz entspannt.

Feenschleier

Am frühen Morgen, die Sonne ist noch nicht ganz aufgewacht, liegt über dem großen Fluss ein grauer Nebelschleier, mit ein wenig Weiß verwoben. Es scheint, als tanze er nach unhörbaren Klängen über dem Fluss hin und her, unschlüssig, ob er mit zum Meer oder zum Himmel weiterziehen will.
Über dem Fluss, dem Land liegt etwas Ungewisses. Noch ist das Sonnenlicht verhüllt. Doch es wartet, die grauen Nebelschleier zu vertreiben und alle Farben zum Leuchten zu bringen.
Mit dem Verlauf der Stunden verebbt das Schweben der grauen Schleier, und zur Mittagsstunde ziehen sie sich ganz zurück. Vom Fluss hinweg ziehen sie hoch und höher in die Lüfte, wo sie sich den Augen ganz entziehen. Nur Glückskinder, Kinder mit einer reichen, farbigen Phantasie, können ihnen folgen, sie sehen und von ihnen träumen.
Das Grau verdichtet sich zu feinen Feenschleiern, die eilig der Kraft der Sonne entfliehen. Zu fein ist ihr Gespinst, zu groß die Gefahr, dass es zerreißt. Die Feenschleier ziehen über den Fluss, über das Land, hin zum dichten Wald.
Am Abend, wenn die Sonne sich müde hinterm Horizont verkriecht, beginnt ein zweites Leben. Die Feenschleier beginnen einen Tanz, sie winden sich um Baum und Büsche. Mit ihrem Tanz weben sie eine große Ruhe über dem Wald, der langsam nun zu seinem allnächtlichen, geheimnisvollen Leben erwacht, von keines Menschen Auge gestört.

Nun träum den Traum dir weiter –
du fühlst dich wohl, bist ganz entspannt.

Das Abenteuer des Murmeltiers oder der verwandelte Eiskristall

Der Winter hat in der Welt der Berge Einzug gehalten. Die Bergwelt hat sich über Nacht in eine Märchenlandschaft verwandelt. Die Sonne strahlt unbehindert von Wolken im malerischen Himmelsblau auf die unendliche Schneedecke. Alles ist überzogen von einem Weiß, einem Schneeweiß, das die Augen fast blendet. Es funkelt und glitzert in der Sonne, als wären Abermillionen Diamanten vom Himmel gefallen. Die scharfen Konturen der Bergspitzen wirken durch den dicken Schnee sanft geschwungen.

Die Tiere der Berge haben Mühe, ihre Nahrung zu finden, die unter der Schneedecke vergraben ist.

Ein Murmeltier hat die Suche satt und geht neue Wege. Es gräbt sich tief in den Schnee, immer tiefer und tiefer wühlt es sich durch den Schnee.

Über ihm ist das Licht der Sonne kaum mehr zu sehen, und bald ist es ganz dunkel. Plötzlich fällt das Murmeltier in ein Loch, es fällt und fällt. Vor Schreck hält es seine Augen fest geschlossen. Durch den dicken Schnee geschützt, bekommt es keine Wunden. Als es am Ende seines Sturzes scheinbar sicheren Boden unter den Füßen wähnt, öffnet es wieder seine Augen, es kann tief durchatmen. Es sieht Unglaubliches; es ist in einer großen Höhle gelandet, einer Höhle aus lauter Bergkristallen, die wie Eiskristalle fast überirdisch leuchten. Das Murmeltier kann sich kaum sattsehen an dem Gefunkel und Geglitzer. Aber es möchte wieder ans Tageslicht zurück. Es steckt sich noch ein Stück Bergkristall ein und macht sich auf den Weg. Unermüdlich gräbt es sich weiter durch den Berg. Die Zeit verrinnt. Plötzlich fällt ein Lichtstrahl ins Dunkel. Die Dunkelheit verliert sich, es wird hell, immer heller. Der Berg öffnet sich wie ein großes Tor. Verwundert reibt sich das Murmeltier die Augen; es scheint in einem ganz anderen Land zu sein.

Es ist ein Land der Sonne. Dort hat es noch nie geschneit, keiner kennt Schnee und Eis. In diesem Land scheint fast immer die Sonne. Das macht die Menschen dort freundlich und froh. Das Land ist voller Farben und Düfte. Blumen, blühende Büsche und Palmen wachsen im ganzen Land. Das Murmeltier erholt sich von seinem Abenteuer, von seinem Staunen. Ein Kind begegnet ihm und streichelt sein sanftes Fell. Das Murmeltier erzählt von seiner Bergwelt, vom Schnee und Eis. Es schenkt dem Kind seinen Bergkristall, der einmal vor langer Zeit ein Eiskristall war. Das Kind freut sich über das Märchen vom Bergkristall und erzählt allen von der Welt der Berge, von Schnee und Eis. Das Murmeltier meditiert darüber; ob es wieder zurück will oder im Land der Sonne heimisch werden will.

Träum den Traum ein wenig weiter –
ruhig bist du und ganz entspannt.

Im Land der tausend Inseln

Das Land der tausend Inseln, so nennt man Japan.
Berühmt seine alte Kultur, seine Klöster und vor allem sein heiliger Berg, der Fuji-san. Ein Berg, der wie ein weißer Kegel über allem thront. Erloschen ist sein Feuer, oder schläft sein Feuerschlund doch nur? Meist ist seine Spitze umkrönt von dichten Wolken. Viele Menschen machen sich auf den Weg, den Berg mühsam zu erklimmen. Oben angelangt, erwarten sie das Erwachen der Sonne mit ihrem Licht und ihrer Wärme.
Im Frühling ist das Land wie ein Blütentraum. Ungezählte Kirschbäume überziehen das Land mit duftend rosa Blütenwolken.
Jedes Jahr ein neues kleines Wunder, auf vielen Bildern schön gemalt.
»Land der Kirschblüten« sagt man auch von diesem Land. Menschen feiern das Kirschblütenfest, die Frauen in alten Gewändern aus buntem Brokat. Das Gesicht schneeweiß geschminkt, ihr Gesang wie Vogelgezwitscher. Die Klöster dort sind ein Hort des Wissens und der Meditation. Die kleinen Innenhöfe, kunstvoll gestaltet aus weißen Steinen, die kein Fuß betreten soll.
Die berühmten Gärten sind geformt und gestaltet in großer Harmonie. Die Natur gebändigt nach des Menschen Wille.
Die Philosophie des Buddhismus dort durchdringt auch des Menschen Alltag, er ist Schutz und Halt, ist Begleiter für das ganze Leben.
Die ganze Kultur ist von ihm durchdrungen, wir finden seine Wesen im Ikebana, der Kunst des Blumenstellens, in der Schrift, die selbst fast ein Kunstwerk ist, in den Haiku, den wunderschönen Kurzgedichten, und in der Kunst des Bogenschießens, wo nicht der Wille den Pfeil in seine Mitte bringt.

Doch der Weise sagt auch: Liebe kann sich nur frei entfalten und weite Kreise ziehen, wenn das Ego aus der Mitte an den Rand sich zieht.

Ruhe fühlst du, bist gelöst und ganz entspannt
und träumst ein wenig weiter.

Der Schlosspark

Das alte Schloss, verwittert und grau, es trotzt der Zeit.
Weit geöffneten Armen ähnelt der Eingang zum Schloss und seinem Park. Es lädt ein, einzutreten in diese Welt aus einer anderen Zeit. Durch das kunstvoll geschmiedete Tor kann der Blick ungehindert auf Wiesen und Rabatten, Teiche und Kanäle schweifen. Die hohe Fontäne im See weht wie ein Schleier im Wind, die Sonne färbt ihn in alle Regenbogenfarben. Blumenrabatten umsäumen den Teich, und der Rasen ist wie ein grüner Samt. Pfaue spreizen selbstverliebt ihr schillerndes Gefieder.
Eine Allee verläuft bis zum Horizont, die Kronen ihrer Bäume neigen sich zueinander, als wollten sie sich etwas erzählen. Die Wasserläufe erzählen von Hofgesellschaften früherer Zeit. Im Winter, wenn sie zugefroren waren, luden sie zum Schlittschuhlaufen ein oder Schlittenfahrten mit Damen im Pelz, geschoben von livrierten Dienern. Im Sommer fuhren Boote mit Baldachinen und Musik, voll mit fröhlichen Menschen, auf den Kanälen. Ein Pavillon mit türkischem Bad, dem Fürst damals zur Freude und Erholung erbaut, bietet viel Stuck und Pracht zum Staunen.
Tropische Vögel in Volieren, sie haben bis heute ihre Lieder nicht verloren.
Eine Treppe aus rauem Felsgestein führt hinauf zu einem kleinen Tempel, mit weitem Blick auf Park und Schloss.
Versteckt hinter Büschen, als schämten sie sich ihrer Nacktheit, Figuren aus Mythen und Sagen. Steinern blicken sie, verbergen Lust und Leid. Auf einem Teich gleiten, wie aus Wagneropern, stolz die Schwäne.
Sandige Wege winden sich schlangengleich durch all das Grün. Kunstvoll ist hier die Natur gestaltet, von Menschenhand geschaffen, geschnitten, geordnet und gepflegt.
Kein Baum stand je auf diesem Grund, der nicht gepflanzt durch

den Willen des Menschen. Nichts bleibt dem Zufall überlassen, weder hier noch dort.
Künstler schufen Pläne, die dem Fürsten wohl gefielen, von vielen Menschen umgesetzt.
Poeten ließen sich dort inspirieren, Musik entstand und kleine Opern, die, im Schlosstheater uraufgeführt, nur dem Adel vorbehalten waren.
Samt und Seide, Kerzen und Spiegelwände und eine Bühne, auf der unter künstlichem Gewitterdonner die Pferdekutschen hineinjagten.
Voll Phantasie wurde dieses kleine Paradies erschaffen, bis heute hat es nichts von seinem Zauber verloren.

Träum dich ein in die Geschichte –
entspannt und ruhig bist du und ganz gelöst.

Zwischen den Jahren

Das Jahr ist müde, es hat sich bemüht und oft geplagt.
Was hat es alles gesehen und auch gehört.
Des Menschen Schicksal anzusehen ward ihm nicht immer leicht.
Über manche Dummheit hat es gelacht, über Leid nicht selten auch geweint.
Das Jahr, es hat sich gefreut über Glück und Liebe.
Sah Blumen blühen und hörte Vögel singen.
Sah der klaren Bäche Lauf und der Fische lange Reise.
Hörte Meereswellen rauschen, konnte oft den Horizont nicht sehen.
Das Jahr, es sah das Bemühen um Menschlichkeit und Frieden, um Kinderglück und -freude.
Es sah die Hoffnung in den Herzen nicht versiegen.
Auch wenn es müde ist von langen Tagen und dunklen Nächten, vom Träumen von Gott und der Welt.
Das Jahr, es freut sich trotz allem auf den neuen Anfang,
auf jede Wiederkehr, solange sich die Erde dreht und die Sterne nicht müde werden und jede Nacht auch wieder scheinen.

Ruhig bist du, ruhig und entspannt
und träumst ein wenig weiter.

Das Geheimnis des Honigsaugers

An einem warmen Tag gegen Ende des Sommers saß in einem Busch voller weißer Blüten ein großes Insekt, größer als eine Biene. Man nennt es einen Honigsauger oder ein Schwalbenschwänzchen. Nicht häufig sieht man das Tierchen, das von Blüte zu Blüte schwirrt und dabei seine Flügel pfeilschnell bewegt. In einer Großstadt macht es sich meist rar. Plötzlich lässt es sein feines Stimmchen hören; »Hallo, ich bin hier fremd in dieser Stadt, habe wenig Zeit, mit den Menschen zu plaudern, denn ich muss Blütenhonig sammeln, und das ist keine leichte Arbeit. Aber wenn ihr ein wenig wartet, bis der letzte Sonnenstrahl mich berührt, erzähle ich meine Geschichte, vom Geheimnis des Honigsaugers.

Ich komme eigentlich aus Südamerika. Dort war ich ein Kolibri, der kleinste Vogel der Welt. Aber immer wenn ich dort Blütenhonig einsammelte, verfolgte mich ein Kondor, ein großer und starker Vogel meiner Heimat. Er fängt gerne kleine Vögel als Futter für seine ewig hungrigen Jungen.

Ich hatte große Angst vor ihm. Ganz dünn wurde ich, und das Fliegen fiel mir schwer. Als ich wieder einmal vor Angst zitterte und um Hilfe betete, hatte die Mondgöttin ein Einsehen mit meinem Kummer. Sie hatte eine Idee, wie sie mir helfen könnte. Eines Nachts bei Vollmond schickte sie mir einen Mondstrahl. Auf ihn sollte ich mich setzen, und er würde mich weit weg in Sicherheit bringen. Damit mich aber niemand auf dem Mondstrahl sehen könne, verwandelte sie mich. Kleiner und kleiner wurde ich, so klein, wie ich heute noch bin. Auch meine durchsichtigen Flügel wurden kleiner und konnten sich sehr schnell bewegen, so schnell, dass man sie einzeln kaum sehen kann.

Der Mondstrahl streckte sich weit über das Land, über die Meere. In dem alten Kontinent Europa setzte er mich fürsorglich ab. Zum Abschied schüttelte sich der Mondstrahl ein wenig, und

dabei fiel etwas vom Silberstaub des Mondes auf meine durchsichtigen Flügel, deshalb schimmern sie im Sonnenlicht so silbern.
Als ich mich von der langen, aufregenden Reise erholt hatte, fand ich mich in diesem schönen Busch sitzen. Die weißen und auch blau-lila Blüten gefallen mir sehr, und ihr Blütenhonig ist köstlich.
Glücklich bin ich hier geworden und freue mich meines Lebens.
Was ich auf meiner langen Reise so alles erlebt habe, das ist eine andere Geschichte. Und die erzähle ich bald einmal.«

Nun wünsche ich eine erholsame Ruhe
und des Nachts die schönsten Träume.

Novembersonntag

Graue Wolken bis zum Horizont. Die Luft riecht nach Herbstlaub. Die Sonnenstrahlen haben sich müde zusammengerollt und beschließen, für eine Weile zu schlafen. Die Menschen schauen sehnsuchtsvoll zum Himmel, in der Hoffnung, eine kleine blaue Lücke mit einem winzigen Sonnenstrahl im Grau des Himmels zu finden. Es würde sie fröhlicher machen. Doch andere kleine »Seelenfeuerchen« gibt es im November. Advent und Weihnachten sind nicht mehr fern und eine Freude nicht nur für Kinder.

Dieser Novembersonntag ist so recht für einen Besuch im Museum. Der Weg führt am Fluss entlang, dorthin, wo seit Jahrhunderten Kunst gesammelt und vor bewundernden Blicken ausgestellt wird.

Besucher fast jeden Alters drängeln in der hohen, lichtdurchfluteten Eingangshalle. Doch es gibt Räume, die bieten Ruhe. Zu einem davon finden die Füße fast allein den Weg. Eine Holzbank steht inmitten des Raumes, erlaubt erholsamen Blick auf viele Bilder. Doch eines fängt den Blick besonders ein. Eine geträumte Landschaft, wohl im Süden, ist voller Farben, Formen, Wärme und auch geheimnisvoll.

Vieles hat der Künstler in diesem Bild vereint und auch versteckt.

Das Bild ist umfasst von einem alten Rahmen, dessen Gold die Zeit verdunkelt hat.

Du sitzt davor, siehst das Bild,
es nimmt dich ganz gefangen.
Mit mehr als nur deinem Auge schaust du,
erkennst es mit allen Sinnen.
Verweile vor diesem Bild in aller Ruhe.
Es lässt sich gut träumen vor diesem Bild –

in deiner Phantasie, der großen Magierin.
Du fühlst tiefe Ruhe, Gelassenheit und Freude
an all dem Schönen.

Die unzufriedene Quelle

In einer verträumten Waldlandschaft entspringt eine Quelle. Sie ist schon uralt. Seit vielen tausend Jahren fließt das Wasser der Quelle in einen kleinen Bach, der durch den Wald fließt und bald im Unterholz versickert. Der Quelle gefällt das nicht mehr. Sie wird unzufrieden.

Vom Wind hört sie die schönsten Geschichten von großen Flüssen, die durch viele Länder fließen, bis sie nach einer langen Reise im Meer münden. Sie erleben Aufregendes. Jede Landschaft, jedes Land ist neu und reizvoll. Auch die Menschen unterscheiden sich in ihrer Kultur, Sprache und ihrem Aussehen.

Manchmal fließt ein Fluss durch kleine Dörfer, ein anderes Mal durch große Städte. Was gibt es da nicht alles zu sehen, zu hören und auch zu riechen! Abertausend neue Eindrücke und Erlebnisse warten auf die Flüsse.

In ihnen leben Fische in allen Formen und Farben, daneben noch viel kleines Getier. Auch die Pflanzen am Ufer sind in jedem Land anders. Über den Dächern großer Städte ragen mal Kirchtürme, mal Minarette von Moscheen heraus. Auch Burgen, Schlösser und Klöster sind vom Fluss aus gut zu sehen. Alles hat eine lange und bewegte Geschichte. Sie können viel erzählen, vom Leben vieler Jahrhunderte. Auch Kriege gibt es zu beklagen.

Der Wind erzählt der Quelle so viele abenteuerliche Geschichten, dass sie immer neugieriger wird auf dieses Andere.

Da beschließt sie eines Tages, dass sich alles ändern müsse. Sie will all ihre Kraft einsetzen, damit viel mehr Wasser aus ihr heraussprudelt.

Und so geschieht es. Immer mehr Wasser kommt aus der Quelle, und der kleine Bach wird größer und stärker und versickert nicht mehr im Unterholz. Er fließt durch den ganzen Wald, hinein in eine weite Landschaft. Dort vereint er sich mit einem

kleinen Fluss. Zusammen sind sie nun stark und fließen hurtig durch die Lande. An ihren Ufern sind die schönsten Dörfer und Städte zu bewundern. Auf ihrer Rast nach Afrika stehen große Vögel im Ufergras und erzählen aufregende Geschichten und Märchen vom schwarzen Kontinent. Von Buschtrommeln ist die Rede, von Tänzen und der Jagd nach wilden Tieren.
Bald begegnet dem Bach und dem Fluss ein Strom. Dieser hat es eilig, zum Meer zu kommen, denn er will zum Nordpol, einer riesigen, weißen, eiskalten Welt mit wunderschönen Tieren, auch diese in Schneeweiß.
Nun vereinigen sich Bach, Fluss und Strom und werden zum größten Strom in Europa. So haben sie unermessliche Kraft und erreichen bald das Meer, das sie alle zum ersten Mal sehen. Sie sind sehr beeindruckt von der unendlichen Weite. Mal liegt es ruhig wie ein großer Spiegel da, ein anderes Mal schäumt es wütend und schleudert riesige Wellen auch auf das Land. Schiffe in allen Größen und aus vielen Ländern fahren auf dem Meer ihrem Ziel entgegen. Manche fahren nach Amerika, andere nach Asien und auch zum kleinsten Erdteil, nach Australien mit seinen berühmten Koalabären. Die sind die Urahnen der geliebten Teddybären, ein großer Schatz für viele Kinder.
Die Reise von Bach, Fluss und Strom, bald verbunden mit dem Meer, ist so interessant, dass dem ehemaligen kleinen Bach ganz schwindelig wird. Das hätte er sich nie träumen lassen, so viel zu sehen und zu erleben. In seinem Herzen dankt er der unzufriedenen Quelle, die solch ein Wunder vollbracht hat.
Als alle sich am Ende ihrer langen, aufregenden Reise voller Freude ins Meer stürzen und mit ihm vereint sind, fühlen sie sich glücklich und sehr zufrieden.

Träum dir den Traum ein wenig weiter.

High noon

High noon, es ist die hohe Stunde des Tages. Die Sonne steht in ihrem Zenit. Ihre Strahlen fallen wie gebündeltes Licht über das Land.
Die Luft flirrt im Licht der Sonne. Der Tag hat sich entschieden, die Nacht zu überwinden. Noch bleibt ihm Zeit, bis die Nacht die Herrschaft wieder übernehmen wird.
Die Sonne müht sich, alles mit Leben zu erfüllen. Blüten öffnen sich sehnsuchtsvoll, drehen sich dem Licht entgegen. Sie schütteln den Tau der Nacht von ihren Blättern. Die Menschen fühlen die Kraft des neuen Tages, sind erfüllt von Licht und Wärme. Verwandeln sie sie auch in Liebe? Verstehen sie das Wunder eines jeden neuen Tages? Die tägliche Wiedergeburt des Lichtes als Zeichen des Lebens?
Ein Tag beginnt im Osten, versinkt im Westen, jeden Tag aufs Neue. Ich seh den Lebensbogen wie einen unsichtbaren Regenbogen mit all seinen Farben, Hell und Dunkel, die Farben des Lebens, die das Geschick eines jeden bestimmen.

Zähl glücklich die hellen Stunden und vergiss nicht,
dass erst das Dunkel sie so leuchten lässt.

Morgengedanken

Die Nacht schleicht sich langsam mit allen Sternen und dem Mond davon. Ein neuer Tag bricht an. Die Sonne beginnt ihr Tagwerk. Noch zaghaft breiten sich ihre Strahlen nach der Nachtruhe aus. Doch bald haben sie ihre volle Größe erreicht. Ihr Licht und ihre Wärme wecken alle Lebenskräfte in der Natur und Wohlbehagen bei den Menschen.
Die Vögel besinnen sich auf ihre Kunst des Singens. Ihr vielstimmiger Chor weckt die Menschen, holt sie aus der Welt der nicht immer bunten Träume.
Die Blätter der Bäume und Büsche rollen sich zufrieden in der Wärme aus. Knospen und Blüten strecken sich dem Licht entgegen.
Schmetterlinge und Bienen fliegen noch morgenfaul durch all das Grün. Auf den von der Nachtkühle befreiten Steinen sitzt allerlei kleines Getier und träumt so vor sich hin.
Eine bunt schillernde Libelle fliegt über den in der Sonne glitzernden Bach. Fische schnappen nach Luft und Fliegen.
Aus einem kleinen Erdhügel inmitten der Wiese streckt neugierig ein Maulwurf sein helles Maul heraus.
Eine einsame Katze schleicht, vom Hell des Tages fast geblendet, durch die Gärten und sucht nach wieselflinken Mäusen.
An einem Fenster sitzt ein Mensch. Im Tageshell und Sonnenlicht versinken dunkle Träume der Nacht. Neue Lebensfreude und Kraft zum Leben fühlt er keimen.
Er fühlt, er kann vertrauen: Auf das Dunkel der Nacht folgt immer wieder das Licht des Tages.

Die verwandelte Königstochter

Versteckt im Forst eines Königs in alter Zeit, steht inmitten anderer Bäume ein ganz besonderer Baum. Ein Baum mit einer bewegenden Geschichte. Er ist anders als all die anderen. Sein Stamm ist umhüllt von einer außergewöhnlichen Rinde. Sie wirkt wie fein gefältelte Seide, die sich um den Stamm bis hoch zur Krone windet. Von Weitem ähnelt das einer Tänzerin, die sich wie eine Schlange dreht und windet. Ein zauberhafter Anblick. Bewundernd stehst du vor dem Baum und träumst ein wenig. Der Baum erzählt dir (s)eine Geschichte.

Vor langer Zeit wohnte ein König am Rande des Forstes in einem prachtvollen Schloss. Dort lebte er mit seiner schönen Tochter, um deren Hand sich viele Fürstensöhne bewarben. Hatte sie doch auch eines Tages eine reiche Erbschaft zu erwarten. Aber die Königstochter lehnte alle fürstlichen Freier ab. Keiner konnte ihr gefallen, waren diese zu stolz auf ihren hohen Stand, dazu eingebildet und wenig liebenswert. Die Königstochter fand kein Lächeln bei ihnen, das aus einem frohen Herzen kam. Sie selbst hatte ein fröhliches Gemüt und ein großes Herz für Mensch und Tier. Sie wünschte sich, eines Tages selbst Königin zu werden und Vieles im Lande zum Guten ändern zu können. Doch im Land ihres Vaters war es Töchtern versagt, Königin zu werden. Nur an der Seite eines neuen Königs, als seine Gemahlin, konnte sie ihr Land führen. Das war der Königstochter zu wenig, ihr stand der Sinn nach mehr. Sie wollte andere Länder, Menschen und die Welt kennenlernen. Vieles wollte sie lernen, um es nutzbringend in ihr Land einzubringen.

Nachdem sie viele Fürstensöhne abgewiesen hatte, breitete sich Unruhe aus. Die Königstochter galt als hochmütig und uneinsichtig in das Los einer Frau. Einer Frau ohne Einfluss oder Macht. Als die Unruhe der abgewiesenen Freier bedrohlich wurde, musste der König handeln. Er musste eine schwere Entscheidung treffen. Sein Herz wurde ihm schwer, denn er liebte seine Tochter, sein einziges Kind, sehr. Aus Staatsgründen musste er eine Strafe verhängen. Für die Königstochter ging es um Leben und Tod.

Als die Zeit des vollen Mondes gekommen war, tanzte sie zur mitternächtlichen Stunde im Forst zu den Klängen der silbernen Mondstrahlen. Dabei klagte sie der Mondgöttin ihr Leid. Die berief den Rat der Sterne, und gemeinsam suchten sie nach einer Lösung. Die teilten sie der Königstochter umgehend mit. Sie fühlte sich erleichtert und tanzte den uralten Tanz zur Freude der Sterne, die im Nachtblau schimmerten und sich im Takt der Musik des Windes wiegten, weiter.

Plötzlich tauchten bewaffnete Vasallen des Königs auf. Sie hatten den Auftrag, die Königstochter zu töten, um den Frieden im Lande zu retten.

Mit großen Augen schauten sie eine Weile dem Tanze zu und bedauerten aus ganzem Herzen ihren Auftrag. Als sie ihre Waffen zogen, geschah vor ihren Augen etwas Unglaubliches. Mitten im Tanz verwandelte sich die Königstochter in einen wunderschönen Baum. Seine fein gefältelte Rinde wand sich um den hohen Stamm bis zur Krone, deren Äste wie ausgestreckte Arme im Tanze wirkten. Die Vasallen zogen sich ins Schloss zurück. In ihren Herzen aber bewahrten sie für immer das erblickte Wunder.

Als wieder die Zeit eines vollen Mondes gekommen war, bedankte sich die verwandelte Königstochter bei der Mondgöttin. Sie hatte ihr das Leben gerettet. Die Königstochter hatte sich mit ihrem Schicksal ausgesöhnt. Ihr neues Leben gefiel ihr. Sie erlebte die vier Jahreszeiten in all ihrer Schönheit. Im Frühling klang der Gesang der Vögel, die in ihrer Baumkrone saßen, wie das schönste Konzert im Schloss ihres Vaters. Bunte Schmetterlinge berührten mit ihren samtenen Flügeln sanft ihre Blätter. Bienen summten vergnügt, und der ganze Forst war erfüllt von jungem Leben.

Im Sommer reiften langsam die Früchte des Waldes und wurden den Tieren zur willkommenen Nahrung. Das dichte, grüne Blattwerk der Bäume wölbte sich wie ein schützendes Dach über alles Lebendige.
Im Herbst leuchtete das Laub der Bäume so bunt wie die Farben auf der Palette eines Malers.
Im Winter lag der Schnee schützend auf den Ästen. Große Ruhe herrschte im Wald, alles ruhte und sammelte Kräfte für den nächsten Frühling, wenn der neue Kreislauf des Lebens wieder beginnt.
Die verwandelte Königstochter lernte als wunderschöner Baum die Musik des Winters kennen. Die unterschiedlichsten Klänge vereinten sich zu einem Winterkonzert. Der Tanz der Sterne am Himmel erfreute sie und die Sonne, deren Licht und Wärme bald wieder alles mit Leben erfüllt. Und das Hell des Mondes erzählte von uralten Mythen und Märchen.
All das machte ihr neues Leben reich und erfüllt. Dem Leben am Hofe trauerte sie nicht nach, und ihrem Vater hatte sie verziehen. Der alte König verlor mit der Zeit seinen Schmerz um sein geliebtes Kind.
Als er eines Tages in den Forst kam, erblickte er den schönen Baum mit der gefältelten Rinde, die sich wie Seide im Wind um den Stamm emporschlang. Sein Herz begann schneller zu schlagen. Er stieg von seinem Pferd und setzte sich unter das schützende Dach des Baumes. Eine große Ruhe erfüllte ihn und auch eine Freude, die ihn so lange verlassen hatte. Er fühlte sich wohl.
Mit der Zeit suchte er immer öfter den Baum auf und dachte über sein Reich nach. Viele Dinge fielen ihm ein, die seine Tochter einmal ändern wollte, hätte sie Königin werden können. Zurück in seinem Schloss, begann er, die guten Vorsätze seiner Tochter umzusetzen.
Im Land begannen sich Dinge zu verändern. Ruhe und Wohlstand breitete sich aus. Das zufriedene Volk liebte ihn, und er

gab seine Liebe den Menschen zurück. Und so breitete sich die Liebe immer weiter aus, nicht nur in seinem eigenen Land.
Der Baum mit der fein gefältelten Rinde steht noch immer im Wald. Ich habe ihn gesehen und erkannt.

Träum ein wenig weiter.

Der Regentropfen als Eiskristall

Hoch oben am unendlich weiten Himmel lebt in einer grauen Wolke seit Urgedenken eine Regentropfenfamilie. Junge und alte, große und kleine Regentropfen machen sich immer wieder auf den Weg zur Erde. Der Wind treibt sie auf ihrer langen Reise oft von ihrem eigentlichen Ziel hinweg. Sie landen dann im Meer, wo sie mit ihren Verwandten, den Wassertropfen, zusammentreffen. Sie haben sich dann manches zu erzählen.
Hör gut zu, was sie sich so alles erzählen.
Ein Regentropfen, jung und ungestüm, hat sein Leben als Regentropfen satt. Er will Aufregendes erleben, anders sein als die anderen. Als die von seinem Wunsch hören, lachen sie lauthals. Den Regentropfen stört das alles nicht. Er bleibt bei seinem Wunsch, sein altes Leben zu verlassen und ein Neues zu beginnen.
Als wieder der volle Mond hell am wolkenlosen Himmel leuchtet, vertraut ihm der Regentropfen seinen sehnlichsten Wunsch an. Der Mond lächelt und schaukelt vergnügt im Himmelsblau ein wenig hin und her. Von der Erde aus betrachtet, sieht das aus, als tanze der Mond am Himmel nach einer unhörbaren Musik. Nach längerem Nachdenken spricht er: »Warte, bis der nächste Winter kommt. Beim ersten Frost wird dein Wunsch in Erfüllung gehen.«
Zufrieden bedankt sich der Regentropfen und kehrt zu seiner Familie zurück. Als der Winter gekommen ist und der Frost einzieht, beginnt es aus der grauen Wolke heraus zu schneien. Unser Regentropfen fühlt sich seltsam und auch kalt. Anders als sonst, fällt er nun recht gemächlich aus der grauen Wolke hinab zur Erde. Er ist kein Regentropfen mehr, sondern ein wunderhübscher Eiskristall. Der funkelt, schimmert und leuchtet im hellen Licht des Mondes.
Am Ende seiner Reise findet er sich auf einer verschneiten Berg-

spitze wieder. Er sitzt auf einem uralten Stein, der ihn freundlich begrüßt und beginnt, die schönsten Geschichten aus seiner langen Vergangenheit zu erzählen. Er erzählt, wie er aus dem rot glühenden Schlund der Erde herausgeschleudert und sich mit vielen anderen auf eine lange Reise durch die Welt begeben hat. Er erzählt, dass damals die Erde noch leer, ganz ohne Tiere und Menschen gewesen sei und wie sich nur langsam in Abermillionen von Jahren Leben dort entwickelt hat.

Der Eiskristall hört gebannt den phantastischen Geschichten zu. Er sitzt sicher und geborgen auf der Felsspitze und freut sich über den weiten Blick über das Land.

Der Berggipfel heißt ihn willkommen und gibt ihm sogleich eine wichtige Aufgabe. Der Eiskristall soll darüber wachen, dass das ewige Eis am Berg nicht schmilzt. Bei den ersten Anzeichen soll er es melden. Dann bittet ein Berggeist den Wettergott um Hilfe. Der lässt es kälter werden und schickt mehr Schnee, der aus unzähligen Eiskristallen besteht, von dem jedes eine andere Form und Größe hat, zu den Bergen. Der Schnee bedeckt dann schützend den Berg mit seinen Felsspitzen.

Der Eiskristall, der einmal ein ganz gewöhnlicher Regentropfen war, ist stolz auf seine Aufgabe, die er mit großer Sorgfalt erfüllt.

Bald ist er als der schönste und erfahrenste Eiskristall am Berg bekannt. Sein großer Traum hat sich glückvoll erfüllt.

Meditationen
mit den Farben des Regenbogens

Das Blau des Himmels in meiner Hand – Über die Wirkung von Farben

Unter diesem Titel sind Phantasiereisen zusammengefasst, in denen die Farben des Regenbogens eine Hauptrolle spielen. Farb-Meditationen, die Entspannung und Erholung bieten, helfen Stress abzubauen und die Hektik des Alltags auszuschalten.

»Sinnliche Reize stärken das Immunsystem«, dieses Ergebnis wissenschaftlicher Untersuchung nutzen die Geschichten durch ihre sinnlich-emotionale Bildersprache und die Schönheit und Kraft der Farben.

Farben sind ein unersetzlicher Bestandteil im menschlichen Leben. Eine Welt ohne Farben ist schwer vorstellbar. Jede Farbe hat ihre unverwechselbare Wirkungsweise, eigene Kraft und energetische Ausstrahlung. Sie beeinflussen das Individuum in seiner emotionalen Befindlichkeit. Bewusst und unbewusst können wir uns kaum der Wirkung von Farben entziehen. Unmittelbar und emotional »berühren« sie uns, beeinflussen Stimmung und Befindlichkeit. Ein jahrhundertealtes Wissen in vielen Kulturen, in denen es auch ein geheimes Wissen um die Kraft und Wirkung von Farben gab.

Altägyptische Tempel waren mit heilsamen, spirituellen Farben ausgeschmückt. Farben wurden mit bestimmten Eigenschaften, kultischen und heilenden Qualitäten verbunden. Die Leuchtkraft der Farben in ägyptischen Grabkammern überrascht uns noch heute.

Im indischen Yoga wird jedem Chakra, den feinstofflichen Energiezentren, eine bestimmte Farbe zugeordnet. Es sind die Farben des Regenbogens: Rot, Orange, Gelb, Grün, Blau und Violett. Diesen Chakrafarben werden ordnende und heilende Eigenschaften auf psychosomatischer Ebene zugeschrieben.

In esoterischen Kreisen wird therapeutisch mit Farben gearbeitet.

Farben haben eine energetische Schwingungsqualität. Diese Schwingungen ähneln den Klängen von Musik. Sie dringen in die menschliche Zellstruktur und haben Einfluss auf psychosomatische und feinstoffliche Prozesse. Die unterschiedlichen energetischen Schwingungen der einzelnen Farben können dissonante Energiefelder unseres menschlichen Organismus wieder in Balance, in Harmonie bringen. Die Farbtherapie gehört zu den energetischen und holistischen, ganzheitlichen Verfahren.
Farbschwingungen erreichen die Ganzheit unseres Wesens, sogar über die Nahrung mit ihrer Heilkraft bestimmter Pflanzenfarbstoffe, durch Sonneneinstrahlung, auch künstlichem Licht, aber auch durch Farb-Visualisierung, Farb-Meditation.
Farben fördern die Aktivität von Enzymen, Spurenelementen und Vitaminen, ohne die ein Stoffwechsel nicht möglich ist. Farben können Blutgefäße erweitern oder verengen, den Blutdruck erhöhen oder senken. Sie unterstützen die Bildung roter Blutkörperchen, erhöhen die Aktivität menschlichen Gewebes und der Knochen.
Farben stärken das Immunsystem, binden den Sauerstoff, und mit unterschiedlichen Farbschwingungen lässt sich die Zell- und Organatmung des Körpers verbessern.
Farben können vitalisieren und beleben, sie können beruhigen und harmonisieren. Untersuchungen in psychiatrischen Kliniken zeigten, dass Rot bei Patienten eine verstärkte Unruhe, auch Aggression auslöste. Dagegen konnten Blau, Grün und ein helles Gelb zur Entspannung beitragen.
In der Anthroposophie sind Farben integraler Bestandteil ihrer Philosophie.
Kinder und Jugendliche wählen intuitiv meist Rot, eine ihrer Vitalität entsprechende Farbe. Bei älteren Kindern und Jugendlichen sind oft modische Trends Auswahlkriterien.
»Lieblingsfarben« bleiben selten lebenslang. Alter, Gemütslage, Gesundheit oder Lebenssituation sind dann meist farbbestimmend.

Farben undogmatisch und eher spielerisch in den Lebens-Alltag einzubinden ist bereichernd; sie geben dem Leben eine »farbigere« Dimension.
Wählen Sie je nach Stimmung oder Bedürfnis *eine* Meditation mit der Farbe des Regenbogens und genießen Sie ihre Kraft, Schönheit und Schwingungsenergie.

Die Bedeutung der Farben des Regenbogens

Rot symbolisiert die aktive, vitale Lebenskraft,
ist dynamisch und reine Energie.
Ihre Wirkung auf Emotionen kann in Aggressivität umschlagen.
Sie ist die Farbe des Feuers; des Eros, der Sinnlichkeit.

Orange bedeutet Sonnenkraft, ist die Farbe von Lebensfreude.
Ihre leuchtende Kraft steht auch für Harmonie.
Sie vitalisiert und stärkt das Abwehrsystem, ist eine positive Regenerationskraft.

Gelb hat eine starke, energetische Wirkung. Sie ist auch eine Sonnenfarbe, reine Energie.
Sie spricht den Intellekt an, ist Power.
Sie löst Blockaden auf und hat eine wirkungsvolle Durchschlagskraft.

Grün hat eine beruhigende, heilsame Wirkung. Sie kühlt, macht gelassen – strömt bis ins Herz –, gibt neues Leben, Wachstum, Ruhe und Regeneration.
Sie ist die Farbe der Hoffnung.

Blau gilt als Farbe der Ruhe und Meditation.
Als kühlende Farbe kann sie Unruhe glätten.
Blau ist die archaische Farbe von Himmel und Meer.
Im Christentum ist sie die Farbe von Maria, der Gottesmutter.

Violett gilt als Farbe der Inspiration und Transformation.
Sie setzt sich aus Blau und Rot zusammen, so wirkt sie beruhigend und kraftvoll zugleich.
Sie ist die Farbe der Erkenntnis, wirkt auf feinstoffliche Prozesse. Sie vermittelt Ruhe, geistige Einsicht, gilt für Tiefe und Spiritualität.

Die Farben des Regenbogens – ein Märchen

Im Land hinter den sieben Bergen, im Land der Feen und Zwerge, gibt es eine Höhle, allen Augen verborgen. Verschlossen von einem Felsblock, der von des Berges Spitze vor vielen, vielen Jahren abgebrochen war.
In diesem Land gibt es seit undenklichen Zeiten keinen Regenbogen mehr. Keiner kann sich an diese riesige Himmelsbrücke noch erinnern. Eine böse Fee hat den Regenbogen eingesperrt, in die Höhle, die niemand jemals betreten hat.
Eines Tages weht ein wilder Sturm übers Land. Er faucht und brüllt, dass sich das Meer aufbäumt und die Bäume sich stöhnend zur Erde biegen. Der Sturm löst den Felsblock vom Eingang der Höhle.
Es geschieht etwas Wunderbares. Die schönsten Farben dringen ans Tageslicht. Es sind die Farben des Regenbogens, die bis zur Stunde dort eingeschlossen waren. Befreit fliehen sie aus dem Dunkel. Endlich können sich die Menschen nach einem Regen wieder am Regenbogen erfreuen.
Ein kraftvolles Rot leuchtet in den Tag hinein. Das Orange weckt verschlafene Sinne.
Ein strahlendes Gelb erhellt das Gemüt. Das satte Grün beruhigt Geist und Seele. Ein herrliches Blau lässt an Meer und Himmel dich denken.
Das noble Lila schmeichelt sich ein und entführt dich aus dem Alltag. Es ist, als könntest du alle Farben fühlen, ihre Schönheit und Kraft. Such dir eine Farbe aus, die dir gefällt, und lass dich von ihr erfüllen. Du genießt mit allen Sinnen in tiefer Ruhe und Gelassenheit.

Die Farbe Rot

Sonnenuntergang

Komm mit auf die Reise, ins Land der Phantasie.
Dort sitzt du im warmen, weichen Sand eines Strandes.
Der Tag neigt sich seinem Ende zu. Die Sonne hat ihre Pflicht getan und beginnt langsam zu sinken.
Wie ein großer roter Ballon in Kinderhand neigt sie sich dem Horizont entgegen.
Sie färbt sich rot, in ein leuchtendes Rot, das alles überstrahlt.
Bald ist sie am Horizont verschwunden. Horizont und Himmel sind in dieses leuchtende Rot getaucht.
Selbst die Wolken scheinen rot. Rot, so weit das Auge sehen kann.

Du genießt die Schönheit und Kraft der Farbe Rot.
Du fühlst ihre Kraft und Energie, ihre Schönheit, die dich erfüllt.
Lass das Rot auf dich wirken.
Ruhig bist du, gelöst und ganz entspannt.

Der Blumengarten

Du siehst vor deinem inneren Auge, in deiner Phantasie, einen Blumengarten. Es ist ein schöner Sommertag. Alle Blumen stehen in voller Pracht und Schönheit.
Du siehst ein großes Rosenbeet vor dir. Rote Rosen überall. Rosen, als Knospen, halb und voll erblüht.
Die Königin aller Blumen nennt man sie, die rote Rose, auch die Blume der Liebe.

Das Rot der Rosen leuchtet vor deinem inneren Auge, erfüllt den inneren Horizont.
Die Blütenblätter scheinen wie feines Porzellan, glatt und unversehrt.
In einem Rot, in dem die Wärme des Sommers gespeichert scheint.
Ein Rot, das alle grauen Gedanken dir vertreibt.
Du genießt die Schönheit, Kraft und Energie der Farbe der Rosen. Das Rot erfüllt Körper, Geist und Seele.
In leuchtendem Rot siehst du noch andere Blumen. Hibiskus, Tulpen und noch viele mehr.
Mohnblumen, ein ganzes Feld in leuchtendem Rot.
Tausende von Mohnblüten bewegen sich in sanftem Wind.
Das Rot erfüllt dich ganz, du lässt es auf dich wirken.

Das Rot mit seiner Kraft, Schönheit und Energie,
du fühlst es.
Bist ganz erfüllt von diesem Rot,
das heilsam wirken kann.
Du fühlst dich wohl, bist ganz entspannt,
ruhig und gelöst.

Der Rubin

In einem fernen Land, im Land des Buddha, steht ein reich geschmückter Tempel. Menschen finden dort Ruhe und inneren Frieden. Still ist es dort, innen und außen.
Buddha, der Gott des Landes, sitzt in Holz geschnitzt auf einem Thron. Die Augen leicht geschlossen, die Hände in seinem Schoß.
Große Ruhe strahlt der Buddha aus. Ruhe, die alle tief berührt.
Auf der Stirn, über seiner Nase, sitzt das magische Auge, das alles sieht, woran die Menschen hier fest glauben.

Das Zauberauge ist rot, leuchtend rot. Es ist ein Rubin, ein kostbarer Edelstein. Von allerfeinstem Rot ist dieses Juwel, kostbar und selten. Nur wenigen Menschen vorbehalten.
Das Rot des Rubins lässt den Tempel geheimnisvoll erstrahlen. In Rot getaucht sind Decke und Wände, Buddha und die Gläubigen, die im Gebet versunken sind.

Das Rot erfüllt dich.
Die Schönheit und Kraft des Rot
durchdringen Körper, Geist und Seele.
Du fühlst dich wohl. Bist ruhig, gelöst
und ganz entspannt.

Die Farbe Orange

Morgensonne

Du sitzt in deiner Phantasie auf einem Berg. Hoch oben, weit weg vom Alltag. Nichts stört, dic Ruhc ist fühlbar, innen und außen. Es ist früh am Morgen. Die Luft ist frisch und klar.
Tief atmest du sie ein.
Die Vögel beginnen ihr Morgenlied. Fröhlich klingt es, so als freuten sie sich auf den neuen Tag.
Der Mond am Himmel ist nur noch ein blasser Schatten. Bald wird er ganz verschwunden sein, um in der nächsten Nacht in aller Schönheit wieder aufzugehen.
Die ersten Sonnenstrahlen fallen in leuchtendem Orange übers Land. Bald leuchtet der ganze Himmel orange. Selbst die Wolken sind orange bemalt.
Orange, die Farbe scheint pure Kraft und Energie.
Die Sonne färbt mit ihrem strahlenden Orange die ganze Welt ein wenig fröhlicher.

Du fühlst und genießt die Schönheit und Kraft
der Farbe Orange.
Du fühlst ihre Energie, die munter macht
und dich belebt.
Ruhig fühlst du dich und wohl.
Voll Kraft und Stärke,
die den Tag bereichern kann.

Am Kamin

In deiner Phantasie sitzt du entspannt an einem Kamin.
Vielleicht sitzt du in einem Schaukelstuhl und siehst dem Tanz der Flammen zu, die in sattem Orange dort lodern.
Sanft schwingst du in deinem Schaukelstuhl vor und zurück, vor und zurück.
Wie dein Atem, der ganz ruhig geschieht.
Du fühlst die angenehme Wärme des Feuers. Die Wärme durchströmt deinen ganzen Körper. Wohlig warm ist dir.
Du siehst dem Spiel der Flammen zu. Mal wild, mal sanft scheinen sie zu tanzen. Orange wirbeln die Flammen hoch und runter, durcheinander, miteinander.
Du vermeinst den Geruch des Holzes zu riechen. Im Duft des Harzes scheint der ganze Duft des Waldes eingefangen.
Orange sind die Flammen. Orange, diese Farbe erfüllt dich.
Eingetaucht scheinst du in das Orange, das kraftvoll und heilsam wirken kann.

Du lässt dich von der Energie des Orange
berühren und erfüllen.
Wohl fühlst du dich, bist ruhig, gelöst
und doch voller Kraft.

Der Orangenhain

Im Land der Phantasie bist du auf einer Sonneninsel angekommen.
Weit liegt der Alltag hinter dir.
Viele Bilder erfreuen dein inneres Auge, deinen Sinn und deine Seele.
Vor dir liegt ein großer Orangenhain. Orangenbäume, so weit

das Auge reicht. Ein köstlicher Duft von Blüten und Früchten liegt in der Luft.
Kleine, weiße Blüten und reife Orangen leuchten im satten Grün der Blätter.
Die Farbe Orange wird immer stärker vor deinem inneren Auge erscheinen. Sie erfüllt den ganzen inneren Horizont.
Du scheinst tief in das Orange hineinzutauchen. Es umhüllt dich, stärkt dich.

Du genießt die Kraft und Energie
die Schönheit der Farbe Orange.
Du bist ruhig, entspannt und ganz gelöst.

Die Farbe Gelb

Frühlingsgelb

Der Frühling hat den Winter endgültig vertrieben. Eis und Schnee verstecken sich in Zauberhöhlen.
Aus dem Süden kehren die ersten Zugvögel zurück. Am frühen Morgen singen sie um die Wette. Ihr Gesang zaubert ein Lächeln auf das Gesicht der Menschen.
Die Wiesen haben sich vom Winter erholt, übersät sind sie von gelben Blüten. Osterglocken in schönstem Frühlingsgelb. So weit das Auge reicht, leuchten die Wiesen von diesem schönen Gelb.
An den Ufern kleiner Bäche leuchtet es gelb, leuchtend gelb.
Dort wachsen die Sumpfdotterblumen, ihr Gelb gleicht dem Dotter eines Eies. Sie leuchten in den hellen Frühlingstag hinein.

Du erfreust dich an diesem leuchtenden Gelb.
Es findet seinen Weg in dein Gemüt,
in deine Seele.
Du wirst erfüllt von diesem kraftvollen
und schönen Gelb.
Ruhig fühlst du dich, entspannt und wohl.

Sonnengelb

Der Sommer löst den Frühling ab.
Die Tage werden länger, und die Sonne widersteht einer frühen Nacht.
Die Natur schmückt sich mit vielen Farben. Weite Felder voll

gelb blühendem Raps leuchten aus dem Grün des Kornes, dem Braun der Erde. Ihr Duft lockt ungezählte Bienen.
Inmitten des Sommers blühen die Sonnenblumen. Auf riesigen Feldern stehen sie aufgereiht und drehen ihre Köpfe der Sonne zu.
Die voll erblühten Sonnenblumen neigen sich dem Licht und der Wärme zu. Wie Abertausend kleine Sonnen leuchten sie im Licht der Sommersonne. Das Gelb leuchtet, als hätte es die Sonne ihnen geschenkt. In Sträußen holen sich die Menschen ein wenig Sonne in ihr Haus.
In vielen Gärten sind sie des Gärtners Stolz. Die Vögel warten auf die Körner, eine Leibspeise nicht nur für sie.

Du freust dich an dem strahlenden Sonnengelb.
Die Schönheit und Kraft dieser Farbe Gelb erfüllt dich.
Du genießt auch die Energie, die diese Farbe ausströmt.
Sie macht die Seele heiter, vertreibt manch Dunkelheit.
Wohl fühlst du dich, bist ruhig und entspannt.

Gelbe Seide

In deiner Phantasie bist du in den Orient gereist.
Inmitten eines großen Basars bist du umgeben von Menschen, Waren, Geräuschen und Düften.
Männer sitzen zusammen und rauchen Wasserpfeifen. Bunt verziert gehen sie von Hand zu Hand. Ein festes Ritual, seit vielen, vielen Jahren. Frauen, manche in langen Gewändern, mit vielen Goldbändern an Hals und Händen, lachen, sprechen fröhlich miteinander.
Du kommst zu einem Laden, der die schönsten Stoffe aus Seide und Damast anbietet. Deine Hände fühlen die Seide, mal federzart, mal etwas rauer.

Die Farben sind so schön, als kämen sie direkt aus einem Märchen aus Tausend und einer Nacht.
Ein wunderschönes Gelb leuchtet aus allen anderen Farben heraus.
Es zieht deinen Blick auf sich. Das Gelb lässt dich kaum los.
Dir fallen Figuren aus vielen Märchen ein, die, in kostbare Gewänder gehüllt, ihr märchenhaftes Leben leben.
Ihre Gewänder sind aus schönster gelber Seide. Menschen in diesen langen gelben Gewändern, ihr Schreiten wirkt wie ein Sonnenstrahl, der vorüberhuscht.

Du siehst das Gelb vor deinem inneren Auge.
Es erfüllt den ganzen inneren Horizont.
Es leuchtet, schmeichelt sich in alle Sinne.
Du erfreust dich am Gelb und genießt die Kraft,
Energie und Schönheit.

Die Farbe Grün

Der Smaragd

Der Smaragd, er ist ein Edelstein, kostbar und voller Zauber. Entstanden vor Millionen Jahren, ruht er tief im Schoß der Erde. Lange blieb er dem Menschenauge verborgen. Bis er eines Tages an das Licht kommt, gegraben, geschürft mit Eisen und Stahl.
Der Smaragd, das grüne Juwel, war früher nur Königen, Fürsten und Prälaten vorbehalten.
Viele Herrscherkronen, Zepter, Ringe und heilige Gefäße sind geschmückt mit diesem Stein. Hochzeitsgaben, geschmückt mit dem Smaragdus, dem Smaragd, waren lange Zeit Symbol, Zeichen von Reichtum, Macht und auch Liebe.
Indische Mogule versteckten sie in Kisten aus duftendem Sandelholz.
Märchen erzählen von Raub und Mord, erzählen von der Begierde nach diesem schönen Stein.
Seinem Grün sagt man eine magische Kraft nach. Alle Unruhe vergeht beim Betrachten dieses wohltuenden Grüns.

Lass das Grün ganz auf dich wirken.
Genieße die Schönheit und heilsame Kraft
des grünen Edelsteins.
Das Grün erfüllt dich und lässt dich
ruhig werden.

Das Baumhaus

Die Wiesen und Wälder gefallen sich in ihrem Sommergrün.
Grün in allen Schattierungen. Reich hat sich die Natur damit geschmückt.
Das Grün, es tut dem Auge gut und auch der Seele, die sich erholen kann.
Das Grün beruhigt, lindert, heilt so manches Leid.
Im Wald sind viele Grüns vereint. Dort, in einem großen, alten Baum, ist ein Baumhaus gebaut.
Fest und sicher liegt es auf starken Ästen. Eine Leiter führt hinauf.
Dort kann man sitzen und sich in Kinderträume versenken.
Das Baumhaus ist aus belaubten Ästen gebaut und ist wie eine grüne Hülle, die den Träumenden dort vor neugierigen Blicken schützt.
In dieser grünen Laube sitzt es sich wundersam. Voller Wunder sind auch Kinderträume, die dort im Grün des Waldes wieder auftauchen, nachdem man sie schon lange ganz vergessen wähnte.
Das Grün umhüllt, ist Schutz zugleich.
Die Luft ist erfüllt vom Blätterduft, der wie ein grüner Hauch erfrischt und auch belebt.

Lass dich von dem Grün sanft umhüllen.
Genieße die Schönheit und heilsame Kraft des Grüns.
Wohl fühlst du dich, ruhig und entspannt.

Grotta Smeralda

Du machst eine Reise in deiner Phantasie. Eine Reise in den Süden, hinein in ein Sommervergnügen.

An einer Küste in Italien, Orte, aufgereiht wie Perlen am blauen Meer.
Einer der schönsten ist Amalfi, der Name schon klingt nach Sommer und Sonne.
Am Hügel scheinbar angeschmiegt, die Häuser auf Terrassen gebaut.
Im Mittelpunkt die alte Kirche, ihre Fassade geometrisch in schwarzweißen Steinen.
Bunt gedeckte Tische locken zur Rast, zu lukullischem Vergnügen.
Die Sonnenschirme wehen im Wind wie große Schmetterlinge.
Der Blick versinkt in der Weite des Meeres, das tief unten schimmert.
Ein steiler Weg führt hinab zum Meer, dorthin, wo die berühmte Grotte sich in Felsen versteckt. Sie war von altersher schon den Römern wohl bekannt.
Grotta Smeralda, genannt nach dem grünen Edelstein, dem Smaragd.
In kleinen Booten fährst du aus dem Taghell hinein ins Dunkel der Grotte.
Wie ein kleines Wunder ist das Wasser wirklich grün, grün wie ein Smaragd von allerfeinster Farbe.
Die Tropfen, die vom Ruder ins Wasser fallen, gleichen Tausenden von Smaragden.
Das Auge verzaubert vom Grün, Geist und Seele erfreut und auch erholt. Wie Tropfen vom Ruder, so fällt alles Lästige von dir ab.

Du genießt den Zauber dieser Höhle,
die Schönheit des Grüns.
Du fühlst Kraft, Ruhe und Wohlbehagen
dich durchströmen.

Die Farbe Blau

Das Blau des Himmels in deiner Hand

In deiner Phantasie machst du eine weite Reise.
Alles Schwere lässt du hinter dir und fliegst, frei wie ein Vogel, in die Lüfte. Immer höher hinauf, ohne Angst fliegst du höher und höher. Bald hast du sogar die Wolken überwunden und siehst das Blau des Himmels vor dir.
Das Blau zieht dich fast magisch an. Das Blau ist berauschend, bezaubernd.
Das Blau ist erreicht, ohne Grenzen dehnt sich das Blau am Himmel.
Das Blau schwebt förmlich um dich herum.
Du tauchst in das Blau hinein, das Blau erfüllt dich ganz.
Das Blau des Himmels kannst du in deine Hände nehmen.
Das Blau des Himmels ist in deiner Hand.

Du fühlst das Blau, seine Kraft und Schönheit, in dir,
in Körper, Geist und Seele.
Das Blau umhüllt dich, beruhigend und besänftigend.
Die Ruhe wird fühlbar.
Du bist ruhig, gelöst und ganz entspannt.
Du fühlst dich wohl.

Fenster von Chagall

In einer alten Stadt ist eine Kirche dem heiligen Stefan geweiht.
Es ist ein Ort, der einlädt zur Stille, Ruhe und Besinnung.
Der Alltag bleibt außen vor, bleibt vor dem großen Kirchentor.
Du betrittst den hohen Raum. Von der Empore hörst du Orgel-

klänge, wie von Geisterhänden gespielt. Die Klänge scheinen durch den Kirchenraum zu schweben.
Durch die hohen Kirchenfenster strömt das Licht herein. Es lässt die Farben in all ihrer Schönheit leuchten.
Einige Fenster sind von Chagall, dem russischen Maler unserer Zeit.
Er hat sie geschaffen aus tiefer Frömmigkeit.
Du sitzt ruhig auf einer Kirchenbank und schaust die Fenster an, die in fast märchenhaftem Blau geschaffen sind. Es ist ein Blau in vielen Schattierungen. Mal ist es hell, mal dunkel, immer voller Leuchtkraft.
Es ist ein Blau, das ruhig macht. Es verscheucht alles Äußerliche, alles Laute, Hässliche.
Es ist, als dränge das Blau durch die Haut, durch alle Poren.

Das Blau, es hüllt dich förmlich ein.
Du genießt das unvergleichliche Blau, seine Schönheit, seine Kraft.
Das Blau, es erfüllt Körper, Geist und Seele.
Du fühlst dich wohl, bist ruhig und entspannt.

Kornblumenfeld

Der Sommer hat seinen Höhepunkt erreicht.
Das Korn ist in der Sonne voll gereift. Kornfelder liegen schachbrettartig in der weiten Landschaft. Golden scheint das reife Korn.
Inmitten des Goldes leuchtet es blau.
Wie ein Meer will es scheinen.
Ein blaues Meer aus Blumen. Kornblumen.
Sie erinnern an Kindertage, als Kränzchen gewunden, ins Haar gesetzt, als du glücklich warst und unbeschwert.

Das Meer aus den Kornblumen wiegt sich im Sommerwind hin und her, Meereswellen gleich.
Das Blau wirkt ruhig, innen und außen, beruhigend und besänftigend.

Lass das Blau ganz auf dich wirken.
Du siehst die Schönheit dieser Farbe Blau.
Kraft und Stärke erfüllt dich, füllt dich aus.
Du fühlst dich wohl, ruhig und entspannt.

Südsee

Weit bist du in deiner Phantasie gereist, bis ans Meer der Südsee.
Das Blau der Südsee ist von strahlender Schönheit.
Der Himmel spiegelt sich mit seinem Blau im Meer wider.
Das Blau reicht bis zum Horizont, dem Schnittpunkt von Meer und Himmel. Alles wird vom Blau umschmeichelt.
Das Blau spiegelt sich in den Augen, in der Seele. Sie wird wundersam ruhig, geglättet von Unrast und Unbill.
Das Blau hat seinen eigenen Klang.
Du vermeinst das Blau zu hören, zu fühlen. Sanft und beruhigend.

Lass das Blau tief in dich einwirken.
Du fühlst die Schönheit und heilsame Kraft
der Farbe Blau.
Wohl fühlst du dich, gelöst, ruhig und entspannt.

Die Farbe Lila

Lavendelfelder

Es ist Herbst geworden. Das Jahr geht ganz langsam seinem Ende zu. Große Vogelschwärme üben für ihren langen Flug in südliche Länder.
In Länder voll Sonne und Wärme.
Auf einer Insel inmitten eines Meeres wächst auf großen Feldern der Lavendel. Der Lavendel blüht auf Feldern, fast von einem Ende zum anderen der Insel.
Lavendelfelder, so weit das Auge reicht.
Erinnerungen an Reisen, Ferien, Wanderungen werden wach.
Der Duft des Lavendels liegt wie ein letzter Sommergruß in der Luft.
In kleinen Säckchen eingefangen, erinnert er in Schrank und Kommode an die schönste Zeit des Jahres. An Reisen und Menschen, uns lieb und wert.
Still vor den Lavendelfeldern zu sitzen macht Freude, ist Genuss.
Duft und Farbe sind sinnliches Vergnügen.
Die Insel ist wie bedeckt mit einem riesigen Tuch aus lila Farbe.
Sie berührt uns, diese Farbe Lila.

Lass die Farbe Lila auf dich wirken.
Die Schönheit erfüllt dich, macht dich vielleicht
auch froh und heiter.
Du fühlst dich wohl, bist ruhig, gelöst
und ganz entspannt.

Theatervorhang

In deiner Phantasie, vor deinem inneren Auge, siehst du ein Theater aus der Zeit des Barock. Auch eine Zeit der prunk- und prachtliebenden Fürsten. Ein jeder wollte mit seinem Schloss den anderen übertreffen.
Sie bauten die schönsten Theater, luden Künstler aus aller Welt dort ein.
Die kleinen Theater liegen oft im Park versteckt, eingebettet in gebändigte Natur.
Die Innenräume sind licht und goldverziert. Die Balkone steigen im weiten Rund der reich verzierten Decke entgegen.
Fabelwesen, Putten, Engel und Zaubertiere tummeln sich dort in bunten Farben.
Du träumst von Tanz und Spielen, von Musik und Gesang, in einer Zeit voll Liebe, Eifersucht und auch Intrigen.
Die Bühne ist verhüllt von einem Vorhang aus lila Samt. Die Farbe Lila zieht das Auge, alle Sinne in ihren Bann. Das Lila lässt dich träumen.

Lass dich von der Farbe Lila ganz erfüllen.
Sie erfreut das Auge, deine Sinne.
Erholt gehst du von dannen, erfüllt
von all den Farben.

Königslila

In alten Märchen wird Lila als Königsfarbe beschrieben.
Märchen fallen dir ein, von Königen und Königinnen. Sie sitzen auf ihrem prächtigen, goldenen Thron.
Musik erklingt aus unsichtbaren Räumen. Sie schwebt, schwingt durch das Märchenschloss und erfreut die Herzen.

In gemessenen Schritten tanzen bunt gekleidete Menschen. Sie schreiten und verbeugen sich nach festgelegten Regeln.
Fürstlich gedeckte Tafeln mit feinsten Gläsern und Geschirr warten auf die Tänzer.
Alles wirkt heiter und beschwingt.
Eine Farbe durchdringt förmlich den Raum. Es ist das Lila der Königsmäntel. Die langen Gewänder sind aus lila Samt und Seide.
Das Lila leuchtet durch den Raum, zieht das Auge magisch an. Es wird von nichts anderem übertroffen. Nur König und Königin dürfen sich mit diesem zauberhaften Lila schmücken.

Genieße das Lila, diese wundersame Farbe.
Sie erfüllt dich, füllt dich aus.
Ruhig bist du, gelöst und ganz entspannt.
Du fühlst dich wohl.

Haiku-Meditationen

Was ist ein Haiku?

Ein Haiku ist ein Kurzgedicht in der Tradition des japanischen ZEN-Buddhismus aus dem 17. und 18. Jahrhundert. Es besteht aus einer festen Versvorgabe, dem Metrum, mit drei Zeilen und siebzehn Silben. Die erste Zeile besteht aus fünf, die zweite aus sieben und die dritte Zeile wieder aus fünf Silben. Diese drei Zeilen können jedoch eine ganze Geschichte erzählen. Berühmte Haiku-Dichter dieser Zeit waren der ZEN-Meister Basho und der Künstler Buson. Auch in der deutschen Übersetzung haben sie kaum von ihrem Zauber verloren.

Japanische Wandermönche waren oft Meister der Haiku-Dichtung und haben sie im ganzen Land bekannt gemacht. In Japan brachte man dem Haiku Achtung und Anerkennung entgegen. Diese »Volkskunst« gerät durch steigenden Einfluss westlicher Lebensart jedoch langsam in den kulturellen Hintergrund.

Das Haiku war ursprünglich eine meditative-philosophische Naturbetrachtung und -beobachtung, Naturbeschreibung und -impression. Neben dem formalen Element des Metrums war die inhaltliche Gebundenheit an die Natur, an Naturerscheinungen künstlerische Vorgabe. Die Natur spielt in Japan eine große Rolle. Extreme Naturereignisse werden durch symbolische Zuschreibungen der vier Jahreszeiten durch entsprechende Wort-Bilder für jeden erkenntlich und »lesbar«. Jede Jahreszeit hatte ihre von allen verstandenen Bilder. Für den Frühling war eine der vielen Zuschreibungen die Kirschblüten, reifes Korn oder frisch bepflanztes Reisfeld galt dem Sommer. Der Herbst wurde mit Nebel oder Tau beschrieben und der Winter durch kahle Bäume oder Schnee. Das ist nur eine kleine Auswahl von Möglichkeiten, Naturereignisse zu beschreiben und zu bebildern.

Die objektive Naturbeschreibung im Haiku war frei von subjektiven Eindrücken. Doch die persönliche Lebensphilosophie eines Haiku-Dichters schimmerte durch das Haiku. Das spätere

Senryu war durch seine subjektiven Zuordnungen eine interessante Erweiterung des Haiku, denn durch sie wurden sozio-kulturelle Informationen aus einem Land bekannt, das bis zum 19. Jahrhundert von der westlichen Welt abgeschottet war.
Ein Haiku entsteht aus einer inneren Ruhe und Stille, der Meditation, einer Versenkung und inneren Betrachtung heraus. Aus dieser geistigen Sammlung, Konzentration, entsteht eine gleichsam künstlerische Wort-Malerei. Eine oft versteckte Metaphorik zeigt die philosophische Haltung des Dichtenden. Der Haiku-Dichter »malt« mit Worten reale, alltägliche Dinge und Situationen.
Ein Haiku bietet über die Schönheit der Wort-Malerei hinaus eine persönliche, geistig und emotionale Auseinandersetzung mit dem Text und wird zur Anregung für Assoziation, Gedankenspielerei, Erinnerung und Phantasie. Der Wortlaut eines Haiku kann bald vergessen werden, der Text schiebt sich in den Hintergrund. Der Lesende oder Zuhörer erlebt das Haiku mit seinen eigenen bewussten und auch unbewussten Gefühlen und Erfahrungen. Dies gilt auch für das Schreiben eines Haiku, ein kreatives Tun, das an das frühere »heilsame« Tagebuchschreiben erinnert.
Natur- und Reiseimpressionen, Alltags- und Augenblicksbeschreibungen sind im »modernen« Haiku für immer festgehalten. Diese anregend-entspannende Tätigkeit kann zur vielseitigen Lebensbereicherung werden.
In den eher »klassischen« Haiku war die Zurücknahme persönlicher Gefühle des Dichters eine Abstraktion, Ausdruck philosophischer Philosophie, das Ego, das eigene Ich nicht so wichtig zu nehmen, sondern im größeren Zusammenhang mit dem Kosmos zu sehen. Spiritualität und die Verschmelzung mit dem Göttlichen anzustreben ist im ZEN Weg und Ziel.
Die klare, ausdrucksstarke, unverschnörkelte und unsentimentale Sprache eines Haiku steht der modernen, westlichen Lyrik oft näher als manches Gedicht der deutschen Romantik. Viel-

leicht ein Grund, weshalb es in der westlichen Welt immer mehr Haiku-LiebhaberInnen gibt. Anhänger einer Dichtkunst, die zeitlos ist, bis heute ihre inhaltliche und formale Eigen-Art und Schönheit bewahrt hat.

Die Haiku in diesem Buch sind keine deutschen Übersetzungen japanischer Haiku. Sie sind eine Form des persönlichen Tagebuches. Lebensspuren. Sie handeln aus subjektiver, weiblicher Sicht von alltäglichen Begebenheiten, Naturimpressionen, Augenblicksbeschreibungen – seelischen Momentaufnahmen ähnlich. Es sind Reflexionen, Meditationen über das Leben und die Liebe. Sie bieten dem Lesenden Identifikationsmöglichkeiten, Raum für Phantasie und Traum. Die großen und kleinen Dinge des Lebens-Alltags erscheinen beim Schreiben oft wie unter einem Mikroskop. Der Alltag wirkt transparenter, Konturen werden schärfer, Wesentliches tritt deutlicher hervor, Belangloses fällt heraus. Der äußere und innere Blick wird geschärft, das Sensorium für sinnliche und emotionale, soziale Wahrnehmungen erweitert. Unbewusstes kann sichtbar werden, das innere Auge wird zum unbestechlichen Beobachter und Betrachter.
In der kreativen Ruhe eines Haiku-Schreibens wird innere Spannung, Stress abgebaut und ein Wohlgefühl schüttet Wohlfühlhormone aus.
Ein Haiku ist eine spielerische Herausforderung für die eigene Phantasie. Es ist eine Chance, aus vertrauten, manchmal verkrusteten Denkstrukturen auszubrechen und sich auf andere, neue, auch ungewöhnliche Sichtweisen einzulassen. Der objektive Inhalt eines Haiku wird durch subjektive, oft unbewusste Anteile transformiert. Ein Haiku kann überraschend zum Schlüssel einer neuen Ein- und Rundum-Sicht werden. Es gibt Auskunft über die aktuelle, persönliche Befindlichkeit.
Ein offener und unbefangener Umgang mit einem Haiku ist die beste Voraussetzung für das Verständnis.
Ohne tiefere Sinn-Suche, besonders bei den eher surrealen

Haiku, kann es eine phantasievolle und -anregende, kreative Gedankenspielerei werden. Ein Haiku kann nicht mit üblichen Literaturkriterien bewertet werden. Es ist ein wertfreies subjektives »Dichten«.
Immer wieder neu zusammengestellte Wort-Bilder erscheinen wie in einem Kaleidoskop in spannender Farbigkeit, sind eine selbstbestimmte poetische Inszenierung.
Das Schreiben eines Haiku kann eine kathartische, reinigende Wirkung auslösen. Es wirkt entlastend, befreiend.
Die Haiku in diesem Buch möchten anregend-entspannende Unterhaltung bieten. Sie bieten Anregung zum Abschalten von der Hektik des Alltags, sich für eine Weile auf eine »Insel der Ruhe« zu begeben und ohne Anstrengung oder Leistungsdruck in eine Meditation, eine erholsame Versenkung, dieser Kunst des Absichtslosen, einzutauchen.
Sie möchten anregen, eigene Haiku zu schreiben oder mit anderen zusammen ein meditatives Haiku-Schreiben als »Gesellschaftsspiel« zu genießen. Haiku-Schreiben und Haiku-Meditation beleben die eigene, schöpferische Kraft, lassen den inneren Reichtum entdecken, fördern und nutzen. Haiku-Lesen oder -Zuhören bietet Entspannung, Erholung und Vergnügen.

Auf der anderen
Seite des Mondes ist aller
Zauber verborgen

Weit um Mitternacht
ging der Mondfisch ins Netz und
die Sterne weinten

Am Ende des
Himmels steht der Regenbogen
und vergisst die Zeit

Die Blätter wispern
von letzten Sommermärchen
und Winterängsten

Uralte Weiden
neigen von der Zeit gekrümmt
sich über den Bach

Der kahle Baum im
Sonnenschein erinnert an die
Vergänglichkeit

Unter den dicken
Narben lauert alter Schmerz
auf seine Stunde

Noch immer hockt das
Ego im Mittelpunkt des
gebeutelten Seins

Ein halbes Leben
hängt Zärtlichkeit und Liebe
im Netz gefangen

Zum ersten Mal kann
er den Weg nicht erkennen
den er gehen muss

Gedanken wuchern
wie Efeu, das den Baum so
eng umklammert hält

An den Grenzen der
Zeit zerschellen gläserne
Menschenträume

Der Traum in der Nacht
zeichnet einen Entwurf
zukünftigen Lebens

Mitten in der Nacht
zerbrach eine Schutzmauer
die am Tag ich gebaut

Die Schatten der Nacht
verlieren sich im ersten
blassen Morgenlicht

Abends binde ich
die Tagesgedanken zu
einem Rosenstrauß

Kaum ein Lufthauch weht
während die Sonne ihre
Lust an Macht auslebt

Die Seele friert in
der Finsternis der Angst
und wartet auf Licht

Die Erinnerung
an unsere Kindheit – glänzt
sie wirklich golden?

Unvereinbarkeit
als chinesische Mauer
zwischen Liebenden?

Gott erteilt das Maß
der Lebenszeit eines jeden
ohne zu handeln

Im satten Grün der
Frühlingswiesen leuchtet der
Löwenzahn goldgelb

Gefällt vom Sturm liegt
die Krone der Kiefer am
Taunuswegesrand

Am Wegrand leuchtet
ein Veilchenbukett so schön
in Violettblau

Die dicke Hummel
taumelt durch die Frühlingsluft
wie von Wein berauscht

Durchs Wolkengrau schiebt
sich ein Sonnenstrahl, ich nenn'
ihn »gute Hoffnung«

Der Bambus wartet
dass der Wind ihn streichelt und
die Blätter singen

Der Wind malt Spuren
in den goldnen Wüstensand
der in die Luft dann fliegt

Wie ein Goldrausch sind
die Herbstlaubbäume und kein
Novemberschrecken

Letzter Schmetterling
taumelt durch buntes Herbstlaub –
Sommergedanken

Das rote Herbstblatt
segelt, noch trunken vom Sommer
durch die kalte Luft

Auf dem blauen Meer
schaukelt mich das Boot sanft durch
die Sommerträume

Die Blütenknospen
verweigern sich den ersten
Sonnenstrahlen

Der erste Herbststurm
reißt die Erde aus ihren
Sommerträumen

Helles Licht schimmert
plötzlich durch den Buchenwald –
erster Blick auf Schnee

Das graue Licht
überfällt die Stadt und lässt
den Herbst erahnen

Die Schatten der Nacht
verlieren sich im ersten
blassen Morgenlicht

Durch dunkle Wolken
fallen Sonnenstrahlen wie
ein Hoffnungsschimmer

Das Blau des Himmels
sucht sich seinen Weg durch die
grauschwarzen Wolken

Nach dem Sommergrün
malt die Sonne über Nacht
die Bäume herbstbunt

Goldgelber Teppich
unterm Ahornbaum, mein Fuß
versinkt im Herbstlaub

Nach Nikolaus schleicht
gelangweilt Väterchen Frost
in das kalte Land

Schneeflocken tanzen
lautlos nach unhörbarer
Winterwaldmusik

Dezembermorgen –
frisch gefallener Schnee gibt
der Stadt neuen Glanz

Am Horizont steigt
die Sonne wie ein Ballon
unsichtbar gezogen

Am Schnittpunkt von Meer
und Himmel lodert die
Sonne dem Tag entgegen

Die Silvesternacht –
frostklirrend und sternklar, ist
Abschied und Anfang

Die Silvesternacht –
die Freude auf Kommendes
verscheucht Zweifel

Über die Bedeutung der Phantasie als unbegrenztes Lebenselement

Der Wind bringt mir die
Träume zurück und alle
Schatten verfliegen.
Haiku – 2006

»Phantasie ist wichtiger als Wissen, denn das ist begrenzt«, sagte schon Albert Einstein. Phantasie ist laut Duden die Fähigkeit, Sinneseindrücke, Bewusstseins- und Erlebnisinhalte so zu kombinieren, dass neue Vorstellungsbilder entstehen. Phantasie besteht aus Erfahrung und Fiktion. Sie ist dem Menschen angeboren, eine essenzielle, unverzichtbare Lebenskraft.
Oskar Kokoschka sagt etwas provozierend: »Die Welt wird nicht geschaffen von Gott, nicht von der Umgebung, von den ökonomischen Bedingungen, sondern allein durch die Einbildungskraft.« Und er meint weiter, die Menschen hätten die Chance, ihre Welt zu ihren eigenen Gunsten zu verändern, wenn sie sich nur ihrer Phantasie bedienten.
Phantasie setzt sich zusammen aus realer menschlicher Erfahrung und dem Irrationalen, Imaginären, und steht damit im Widerspruch zu jeder Art von Zwängen, zum rein Rationalen. Die Phantasie wurzelt auch im seelischen, emotionalen Bereich des Menschen. Phantasie, Intuition, Glaube – sie entziehen sich dem messenden kausal-linearen Denken. Sie sind nicht messbar, weil jede Kontrolle den kreativen Vorgang zerstört.
Imagination, Einbildungskraft, Intuition, Illusion, Vision, Utopie, Erfindungsgabe, Kreativität, Schöpfungskraft – sie sind Synonyme für die Phantasie, die in allen Bereichen des menschlichen Daseins ihren unverrückbaren Platz haben. Die Phantasie ist unentbehrlich in der Kunst, Wissenschaft und sollte auch in der Politik nicht fehlen. Selbst in rationalen Wissenschaften ist sie Teil der Praxis. Naturwissenschaftliche und kunsthistorische Entdeckungen, oft im Widerspruch zu den Lehrmeinungen ih-

rer Zeit, denken wir z. B. an Darwin, sind ohne die »ausschweifenden« Phantasien der Forschenden nicht möglich gewesen.
In der Politik ist die »konkrete Utopie« wichtiger Antrieb für soziale und kulturelle Veränderungen. In überwiegend konservativen Haltungen, wie auch in der Politik, ist Phantasie wenig gefragt. Gilt sie hier vielleicht als subversiv? Keine Experimente, es geht um das Bewahren von Bewährtem. »Wir wollen die Machtergreifung der Phantasie«, so stand es 1968 an den Wänden der Universität Sorbonne in Paris.
In allen Bereichen der Kunst ist Phantasie essenzieller Bestandteil. Die Kunst lebt von ihr und durch sie. Friedrich Schiller schreibt in seinem Buch »Über die ästhetische Erziehung des Menschen« in einem seiner Briefe: »Auf den Flügeln seiner Einbildungskraft verlässt der Mensch die engen Schranken der Gegenwart.«
Die Phantasie überschreitet alle Dimensionen menschlichen Seins. Erwin Piscator, der große deutsche Theatermann, sagte: »Aus Mangel an Phantasie erleben die meisten Menschen nicht mal ihr eigenes Leben, geschweige denn die Welt.«
Romain Gary (Emile Ajar), zweimaliger Preisträger des Prix Goncourt, Schriftsteller und Diplomat sagte: »Ohne Phantasie, ohne Poesie gibt es weder Zivilisation noch Liebe. Wird die Herrschaft der Poesie, dieser Rimbaud-Anteil im Leben zerstört, hindert die Menschen nichts mehr, zu Kannibalen zu werden und Genozide zu begehen.«
Vision und Utopie beweisen in den »technischen« Zeichnungen Leonardo DaVincis die unermessliche Dimension seiner Phantasie. Seine Maschinen, Flugkörper, zeigen die phantastischen Träumereien eines Genies, das sich die Realisierung einiger seiner Träume so wohl kaum vorstellen konnte.
Eine produktive Phantasie zeigt sich in einem elementar-schöpferischen Verhalten des Menschen. Sie ist auch eine auf die Zukunft ausgerichtete Kreativität. Sie ist ein Ausgleich zu der Monotonie eines banalen Alltags. Missbraucht man sie als Flucht in die Illusion, wird der »Illusionär« Arbeit an sich und im und

am realen Leben verweigern. Für ihn wird Phantasie zum Beschwichtigungsmittel für einen Augenblick. Kreative Kräfte werden so blockiert, positive Veränderungen für ein befriedigendes Leben im Jetzt und Hier kaum realisierbar.
Die vielseitigen Möglichkeiten in der Medien- und Computerwelt sind Produkte von Phantasie in Technik und Wissenschaft, aber sie ähneln dem »Zauberlehrling«. Die Geister, die ich rief: Hier verselbstständigt sich etwas, das dem ursprünglichen Sinn entgegenwirkt. Es kann sich zuungunsten des Menschen verkehren, was ursprünglich zu dessen Nutzen konzipiert war. Eine digitale, mediale Welt ist eine solch große politische und Finanzmacht, die nicht nur die Arbeit, die Existenz des Individuums, sondern auch sein Bewusstsein bestimmt.
Der Sozialpädagoge und Drogenberater Harry Deutsch sagt: »Die virtuellen Welten entsprechen allen Anforderungen an eine postmoderne Droge. Medienerfahrungen schaffen besondere Erlebnisse und Bewusstseinszustände, die genau wie Spielsucht, Sex und Extremsportarten zu Suchtverhalten führen kann. Eine Computersimulation löst in bestimmten Bereichen mehr Emotionen aus als reale Handlung, weil in ihr hemmungsloser agiert werden kann. Immer größer wird die Sucht nach Anerkennung und intensiven Gefühlen. Die neuen Kommunikationstechniken suggerieren, ›Kontakt‹ zu sein, während sie in Wirklichkeit uns desorientieren und manipulieren.«
Tatsächlich hat der Medienkonsum bei vielen und immer jüngeren Jugendlichen einen suchtartigen Charakter angenommen. Sucht setzen wir oft in Zusammenhang mit Suchen. Sucht ist Ersatz für nicht erfüllte emotionale Bedürfnisse und Wünsche.
Viele nicht nur junge Menschen hungern nach den existenziellen Grundbedürfnissen wie Nähe, Wärme, Zuwendung, Liebe. Eine einseitig materiell orientierte Lebensweise, eine hohe Bewertung rational-analytischer Fähigkeiten steht im Gegensatz zu Emotionalität und Spiritualität.

Materialismus versus Spiritualität.
Die Suche vieler Menschen nach vertiefter Selbst- und Persönlichkeitsentfaltung, nach Weltverständnis in einer unübersichtlich gewordenen Welt, spricht von den Defiziten einer übertechnisierten Zeit.
Einer Zeit, in der Poesie und Phantasie nur in Nischen nisten. Dieser Mangel macht sich besonders in der Welt der Kinder bemerkbar und ängstigt nicht nur Erzieher und Pädagogen. Viele Eltern stehen in Konkurrenz zu digitalen »Medienverführern«. Oft resignieren sie im Glauben, nichts dagegensetzen zu können.
Kinder in der so genannten magischen Phase – bis etwa zum 7. Lebensjahr – leben in ihrer eigenen magisch-märchenhaften Welt. Weg vom Alltag und der Realität ihres eher fremdbestimmten Lebens, wird ihre »Ohnmacht« gegenüber der elterlichen Hierarchie, durch Gefühle der Omnipotenz, von Allmachtsgefühlen, durch das Eintauchen in eine Phantasiewelt ausgetauscht.
Doch diese wichtige Phase ist heute durch den hohen, passiven Konsum von Medienangeboten, von der Überflutung an Medienbildern, in Gefahr, verloren zu gehen. Die kindliche Imaginationsfähigkeit, die Freiheit, den »inneren Film« jederzeit und an jedem Ort einschalten zu können, gerät ins Abseits. Die eigene innere Bilderwelt, der innere Bilderfluss mit seiner kathartischen, reinigenden Wirkung, versiegt. Kindliches Spiel ohne technische Hilfsmittel, also ein selbstvergessenes, meditatives und erholsames, beruhigendes Spiel, ist wenig zu beobachten, wie ErzieherInnen berichten. Mangelnde Konzentrationsfähigkeit und große Unruhe sind fast die Regel.
Eine der reichen Quellen kindlicher Phantasie sind die Märchen. Es sind Glückskinder, die heute noch regelmäßig Märchen vorgelesen oder erzählt bekommen. Das Sandmännchen im Fernsehen ersetzt nie diese auch emotionale Zuwendung. Die vielen Bilder und Informationen der Medien bleiben in ihrer Thematik

und Problematik unaufgelöst. Solcher Ballast ist keine gute Voraussetzung für eine ruhige Nacht mit erholsamen Träumen. Er bereitet eher eine unruhige Nacht mit Albträumen.
Innere Bilder, Kopf-Bilder, entstehen hauptsächlich durch Literatur. Sprache und Bilder haben unterschiedliche Verortungen im menschlichen Gehirn.
Der Verlust von poetischer Phantasie hat aber noch eine andere, schwerwiegende Auswirkung. Phantasie ist synergetisch, untrennbar verbunden mit Gefühlen und Gemütsbewegungen. Eine Reduktion von Phantasie bedeutet auch eine Reduktion an Gefühlen, Gemütsbewegungen, Empathie und Liebe. Innere Leere, Langeweile, ist ein Nährboden für Aggression und Gewaltbereitschaft. Eine innere Leere will gefüllt werden. Das geschieht oft mit gefährlichen Mitteln, sie kann auch zur Sucht nach Drogen aller Arten führen. Suchtmittel, die aus einem eher banalen Alltag herausführen sollen in eine andere, bunte Phantasiewelt, die vergessen macht. Kicks für Kids, wir hören und lesen fast jeden Tag davon.
Mediale und technische Spiele bereiten heute Kinder einer globalen Welt mit der Vermittlung eines breiten Wissens auf ihr Bestehen in einer komplexen und komplizierten Welt vor. Ein Gleichgewicht von Phantasie und medialer, digitaler Technik, ein Gleichgewicht von ratio und emotio ist erstrebenswertes Ziel.
Kreativtests bei Kindern zeigen schon nach einem Schuljahr einen steigenden Phantasieknick nach unten. Dieser Weg setzt sich unerbittlich fort (Studie der Stanford-Universität – Kalifornien).
In der schulischen Erziehung heißt es Fakten statt Fiktion. Und das ist eine systematische Hungerkur für die Phantasie. Zu schnell fallen heute Kinder aus dem Paradies einer inneren, magisch-märchenhaften Welt. Phantasievolle Kinder sind vielen Erwachsenen unbequem. Kindliche Originalität hat in einer Erwachsenenwelt wenig Raum. Eltern haben oft Angst vor den

Phantasien ihrer Kinder, denn sie haben diese Welt schon lange verlassen.

Es gilt für Kinder, eine Außenwelt zu begreifen, zu gestalten und zu bewältigen, aber sich auch ihre Innenwelt mit ihrer Phantasie und Träumen zu bewahren. Phantasieren, Träumen, Luftschlösser bauen mit Bildern aus der Irrationalität, dem Unbewussten – dafür gibt es keine Regeln, kein Maß, keine Grenze. Manches gehört jedoch zur dunklen Seite der Phantasie. Wird sie völlig maßlos, entrückt sie die von ihr abhängigen Tätigkeiten im Alltäglichen ins unkontrollierbare »Phantastische«. Bei psychisch Kranken ist die Grenze zwischen Realität und Imagination verschoben oder aufgehoben. Der Kranke verbleibt im Reich des Irrationalen, im Wahn (Einbildung).

Verstörung wird zur Selbstzerstörung.

Außerhalb dieser dunklen Welt bedeuten Phantasie und Träume, das Malen innerer Bilder eine große Alltags-und Lebensbereicherung. Tagträume können zur Psychohygiene werden. Sie bieten die Chance, Ängste und Spannungen abzubauen, ähnlich den Träumen in der Nacht, die überschüssige Triebenergien abzubauen helfen.

Die dem Menschen angeborene Fähigkeit zur Phantasie braucht jedoch wie die Muskeln Training, sonst verkümmert auch sie.

Phantasie oder optische Imagination, die Vorstellungskraft, kann wie eine Meditation eine Bewusstseinserweiterung erfahren. Phantasie ist zur Bewältigung des (Lebens)Alltags nötig, man braucht sie zur Lösung von Problemen und Konflikten. Vor jeder materiellen Manifestation steht Phantasie, Vision und Utopie.

Phantasie kann ein- und festgefahrene Sicht- und Verhaltensweisen auflösen und durch neue, befriedigendere ersetzen.

Phantasie gleicht einem Prisma, das vieles in Farben und Facetten zerlegt und zu immer wieder neuen Bildern zusammenfügt.

Phantasielosigkeit wird manchmal mit »Spießbürgerlichkeit« gleichgesetzt. Der so genannte Spießer lebe in seinen einmal

gemachten Erfahrungen, sie sind sein Stützkorsett. Ein solches kann aber auch die Luft, den Atem einschnüren. Das Denken solcher Menschen werde nicht von der »Phantasie beflügelt«.
Ein freier Flug birgt immer Risiken eines Absturzes, das hat aber Ikarus von seinem Flug nicht abhalten können. »Auf den Flügeln der Phantasie« fliegen wir in andere Welten, auf die andere Seite des Mondes. Dort sind wir allmächtig. Oder wie Plotin sagt:
»Die Phantasie macht euch zu Göttern, das Denken zu Menschen.«

Else Müller

Der Klang der Bilder
Phantasiereisen mit Klangschalen
Band 14703

Du fühlst die Wunder nur in dir
Autogenes Training in Naturimpressionen und Alltagsbeobachtungen
Band 11692

Du spürst unter deinen Füßen das Gras
Autogenes Training in Phantasie- und Märchenreisen
Vorlesegeschichten
Band 23325

Auf der Silberlichtstraße des Mondes
Autogenes Training mit Märchen zum Entspannen und Träumen
Band 23363

Wege in der Wintersonne
Autogenes Training in Reiseimpressionen
Band 11354

Inseln der Ruhe
Ein neuer Weg zum Autogenen Training für Kinder und Erwachsene
Band 12274

Wenn der Wind über Traumwiesen weht
Die schönsten Phantasiereisen, Märchen und Meditationen
Band 15214

Der Wind bringt mir die Träume zurück
Phantasiereisen, Märchen und Meditationen
Band 17782

Fischer Taschenbuch Verlag

fi 555 022 / 4